戀愛塔羅牌

參透對方真心,用占卜
擺脫單身、爛桃花

mimineko

∴ 前言 ∴

借助塔羅牌的力量
掌握戀情的未來吧！

各位讀者大家好，我是miminoko！

　　談戀愛會讓人一下高興、一下難過，整顆心像在坐雲霄飛車一樣忽上忽下。雖然這也是戀愛的樂趣所在，但一定經常出現因為猜不透對方的心意而傷透腦筋的情況，甚至偶爾還會想靠占卜來解決問題吧？可是，每次都拜託占卜師又會很傷錢包，而且就算自己用塔羅牌占卜，也可能會為了「這張牌在我的問題裡面究竟代表什麼意思」而想破頭。

　　為了回應這些聲音，我運用自己在YouTube頻道上幫為數眾多的觀眾提供占卜諮詢的經驗，帶著萬全的準備完成了這本書！塔羅牌的入門書籍在市面上比比皆是，但<u>這本書的特徵是完全針對戀愛占卜量身打造。裡面除了會詳細解釋每張牌在戀愛方面的涵義，還會介紹對應不同感情階段的關鍵字</u>。對於想占卜戀愛煩惱的人來說，這些內容正好切中需求，因此即使是經驗老到的讀者，一定也能從中找到靈感，在塔羅世界得到更多樂趣。各位也可以將本書作為參考，發揮天馬行空的想像力進行解牌。倘若本書能夠成為各位與塔羅牌增進情誼的契機，那將會是我最大的榮幸。

　　神奇的是，肯定自我價值會讓你的情路暢行無阻。明明<u>每個人生來就有獨一無二的價值</u>，卻總認為自己還不夠好，覺得「我不多努力

一點就一無是處」、「不打扮得更可愛就沒人會喜歡我」，陷入這樣的幻想難以自拔。然而有趣的地方在於，只要想起**「我生來就有被愛的價值」**這件事，你就會開始被對方所愛！本書也會介紹這種**讓你更愛自己（愛護並珍惜原原本本的自己）的方法**，敬請各位拭目以待你一定會藉由談戀愛認識到自己從來不曾知曉的另外一面。

而我最希望大家記住的一點是，塔羅牌充其量只是你的「輔助工具」。塔羅牌不能決定你的未來，只能揭示可能性或提供建議。無論是名聲多響亮、人家說算得多準的占卜師皆是如此。除了你之外，沒有人可以決定你的未來。**你的世界只有你能創造，這才是無庸置疑的事實。**

「在自己的世界裡，你是最強大的。」只要想起這一點，塔羅牌就會成為可靠的夥伴。請你借助塔羅牌的力量，將自己期望的愛情世界化成現實吧！

mimineko

Contents

前言 ·· 2
本書的使用說明 ································ 8

PART 0 認識塔羅牌 ... 9

塔羅牌的基本知識 ···························· 10
塔羅牌的世界 ·································· 12
占卜戀愛塔羅牌的注意事項 ·················· 14

COLUMN 1 和塔羅牌變熟的方法 ········· 16

PART 1 學習78張牌的牌義 ... 17

本章的使用說明 ······························ 18
象徵重要主題的22張大阿爾克那 ············ 20

0	愚人	22		XI	正義	33
I	魔術師	23		XII	倒吊人	34
II	女祭司	24		XIII	死神	35
III	女皇	25		XIV	節制	36
IV	皇帝	26		XV	惡魔	37
V	教皇	27		XVI	高塔	38
VI	戀人	28		XVII	星星	39
VII	戰車	29		XVIII	月亮	40
VIII	力量	30		XIX	太陽	41
IX	隱士	31		XX	審判	42
X	命運之輪	32		XXI	世界	43

由4種花色組成的56張小阿爾克那 ············ 44

權杖A	46	權杖6	48	權杖侍從	51
權杖2	46	權杖7	49	權杖騎士	51
權杖3	47	權杖8	49	權杖皇后	52
權杖4	47	權杖9	50	權杖國王	52
權杖5	48	權杖10	50		
聖杯A	53	聖杯6	55	聖杯侍從	58
聖杯2	53	聖杯7	56	聖杯騎士	58
聖杯3	54	聖杯8	56	聖杯皇后	59
聖杯4	54	聖杯9	57	聖杯國王	59
聖杯5	55	聖杯10	57		
寶劍A	60	寶劍6	62	寶劍侍從	65
寶劍2	60	寶劍7	63	寶劍騎士	65
寶劍3	61	寶劍8	63	寶劍皇后	66
寶劍4	61	寶劍9	64	寶劍國王	66
寶劍5	62	寶劍10	64		
錢幣A	67	錢幣6	69	錢幣侍從	72
錢幣2	67	錢幣7	70	錢幣騎士	72
錢幣3	68	錢幣8	70	錢幣皇后	73
錢幣4	68	錢幣9	71	錢幣國王	73
錢幣5	69	錢幣10	71		

COLUMN 2　提升解牌技巧的小撇步① ········· 74

PART 2
占卜你的煩惱

占卜的步驟 ········· 76
STEP 1　準備一副牌 ········· 77
STEP 2　調整心態 ········· 78

STEP 3	決定問題	80
STEP 4	決定牌陣	82
STEP 5	洗牌並設置牌陣	84

SPREAD 1　單抽法 … 86
範例 A　他今天的狀態如何？ … 88
範例 B　告白會有好的結果嗎？ … 89

SPREAD 2　三張牌牌陣 … 90
範例 A　我之後會遇到好對象嗎？ … 92
範例 B　他為什麼要生我的氣？ … 93

SPREAD 3　二擇一牌陣 … 94
範例 A　我要跟A或B誰交往才會順利走下去？ … 96
範例 B　我要加入A或B哪一家婚友社才能馬上結婚？ … 97

SPREAD 4　六芒星牌陣 … 98
範例　拖拖拉拉交往到現在的男友有在考慮將來嗎？ … 100

SPREAD 5　凱爾特十字牌陣 … 102
範例　我很想戀愛，但又無法表現得積極怎麼辦？ … 104

SPREAD 6　天宮圖牌陣 … 106
範例　我想了解今年一整年的戀愛運！ … 108

SPREAD 7　浪漫皇冠牌陣 … 110
範例　最近剛認識的那個人是不是對我有意思？ … 112

COLUMN 3　提升解牌技巧的小撇步② … 114

PART 3
從實際案例掌握解牌技巧

案例 1　正在跟上司談婚外情的我，將來能獲得幸福嗎？ … 116
案例 2　如何靠交友軟體找到自己的天菜？ … 118
案例 3　我想結束僅止於肉體上的關係，和炮友告白的話會怎麼樣？ … 120
案例 4　前男友變成跟蹤狂了！我該報警嗎？ … 122
案例 5　和劈腿的前男友復合會有什麼結果？ … 124

案例6	我總是會拿現任和前任做比較，繼續交往真的好嗎？	126
案例7	我透過婚友社認識了兩個對象，要選誰才會有好的結果？	128
案例8	有個演員傳了曖昧的訊息給我，他真正的意圖是？	130
案例9	就這樣決定帶著小孩再婚，真的沒關係嗎？	132
案例10	和心儀的女生出櫃，坦承自己是雙性戀會發生什麼事？	134
案例11	母胎單身的我好想結婚，該怎麼做才好？	136
案例12	我發現先生在外面偷吃，應該果斷跟他離婚嗎？	138
案例13	找不到好對象，徵偶到心好累，但我還是想在今年內結婚！	140
案例14	交往後男友就變得非常冷淡，我該和他分手嗎？	142
案例15	夫妻關係因無性生活而不穩，有辦法改善嗎？	144
案例16	我單戀小自己16歲的男生。他對我是怎麼想的？	146

COLUMN 4　為他人占卜時要注意的地方 ⋯⋯ 148

PART 4　提升你的戀愛運

149

如何將塔羅牌做成護身符？ ⋯⋯ 150
塔羅牌✕鮮花的搭配 ⋯⋯ 152
塔羅牌✕能量石的搭配 ⋯⋯ 153
祕密魔法——「水晶陣」 ⋯⋯ 154
每天一張牌！提升戀愛運的塔羅占卜 ⋯⋯ 158
番外篇　讓你更愛自己、為人所愛的方法 ⋯⋯ 160

這種時候該怎麼辦？　Q＆A ⋯⋯ 166
關鍵字一覽表　大阿爾克那 ⋯⋯ 168
　　　　　　　小阿爾克那 ⋯⋯ 170

結語 ⋯⋯ 174

本書的使用說明

PART 0
認識塔羅牌

介紹塔羅牌的基本知識、塔羅牌究竟是什麼樣的工具,以及占卜戀愛塔羅牌的注意事項。學習塔羅的首要之務,是在本章「認識」塔羅牌!

PART 1
學習78張牌的牌義

說明22張大阿爾克那及56張小阿爾克那的牌義。本章統整了為戀愛中的你準備的愛情小語以及不同階段的關鍵字。看著每張牌的「長相」熟悉它們吧!

PART 2
占卜你的煩惱

從事前準備開始說明實際的占卜步驟,還會介紹7種牌陣(攤牌的方法)。本章還有mimineko我本人的獨家祕訣及自創牌陣,一定要翻開來看看喔♡

PART 3
從實際案例掌握解牌技巧

我實際占卜了頻道觀眾在現實中遇到的戀愛煩惱,為千奇百怪的案例進行解牌,請大家參考mimineko我的解法,自己解解看吧♪

PART 4
提升你的戀愛運

介紹用塔羅牌提升戀愛運的方法,彙整塔羅牌跟花朵以及能量石的搭配、簡單又能每天實踐的戀愛占卜,以及番外篇——讓你更愛自己、為人所愛的方法!

mimineko是誰?

生於巫覡世家,在罹患成人疾病後,開始能捕捉到神祇和精靈的意念。自2019年起,開始在YouTube頻道上進行塔羅解析。以善用直覺的解牌及溫暖人心的建議博得好評,頻道訂閱人數超過10萬人(截至2024年9月)。

PART 0

認識塔羅牌

塔羅牌究竟是什麼？
為什麼可以用塔羅牌預知未來？
本章將解答大家的這些疑問，
並聊聊希望大家在占卜前
先有個概念的基本知識！

塔羅牌的基本知識

「牌的總數有78張，這麼多我會搞混啦！」
本節將為這麼想的你說明塔羅牌的組成以及相關術語。

> **塔羅牌的歷史**
>
> 相傳塔羅牌可能源自於古埃及或猶太地區，但確切的發源地至今不明。然而人們在十五世紀發現了最早的塔羅牌，在學術上證明塔羅牌從很久以前就已經存在了。也有其他說法認為，塔羅牌是十五世紀左右在歐洲貴族之間用來取樂的遊戲卡牌。不知從何時開始，這些牌被賦予神祕意涵，並且逐漸被用來占卜吉凶。

塔羅牌一共有78張，分成被稱為「大阿爾克那」的22張，以及被稱為「小阿爾克那」的56張。阿爾克那（arcana）在拉丁文是「神祕」、「祕密」的意思。大阿爾克那的特徵是每張牌都有各自的編號和名稱，牌面上畫著人物或自然風景。小阿爾克那又被視作撲克牌的原型，一共分成4組，每一組各有14張，每張牌都有不同編號。78張牌全數到齊的狀態叫「完整牌組」。

什麼是大阿爾克那？

22張

從〈0愚人〉到〈X 世界〉為止的22張牌。圖案包含〈愚人〉、〈魔術師〉、〈皇帝〉等人物；〈星星〉、〈月亮〉、〈太陽〉等自然物；以及〈正義〉、〈力量〉、〈世界〉等概念，用22張牌編織一篇故事。

什麼是小阿爾克那？

56張

小阿爾克那一共有56張，按照4種叫作「花色」的符號分成四組，每一組各14張。稱呼方式是花色加上編號，例如〈權杖3〉。由「數字牌」以及「宮廷牌」（人物牌）組合而成。

什麼是花色？

指權杖、聖杯、寶劍和錢幣，將小阿爾克那分成四組。每一組都對應不同的四大元素，權杖代表「火」、聖杯代表「水」、寶劍代表「風」、錢幣代表「土」。

什麼是宮廷牌？

小阿爾克那的「侍從」、「騎士」、「皇后」和「國王」合稱宮廷牌（人物牌），上面畫著固定的人物。「宮廷」一詞來自英文的court，侍從（見習騎士）是page，騎士是knight，皇后是queen，國王則是king。

什麼是數字牌？

在小阿爾克那當中，用數字A（Ace，表示1）～10編號的牌稱作數字牌。牌面上畫著象徵該花色的物品，數量跟編號一樣多。舉例來說，〈聖杯3〉的牌面上就會有三個杯子的圖案。

什麼是正位／逆位？

圖案以正確方向顯示稱為「正位」，上下顛倒則稱「逆位」，牌義也會隨之改變。不過占卜也可以不看逆位。只要在占卜之前先決定好，萬一出現顛倒的牌要怎麼解就可以了。

塔羅牌的種類

　　一般常見的牌組有兩種，分別是「馬賽塔羅牌」以及「偉特史密斯塔羅牌」，兩者的圖案各不相同。就歷史而言，誕生於十六世紀左右的馬賽塔羅牌較為古老；偉特史密斯塔羅牌則是在進入十九世紀後由「黃金黎明協會」所創，在現代被廣泛使用。這兩組牌最大的差異在於，偉特史密斯塔羅牌的〈Ⅷ力量〉和〈正義〉，在馬賽塔羅牌的編號是顛倒的。

塔羅牌的世界

我們該如何使用或有效利用擁有神奇魔力的塔羅牌呢？
本節統整了希望剛開始接觸塔羅牌的各位先了解的事。

相信用塔羅牌會帶來光明未來！

塔羅牌是一種「心誠則靈」的占卜工具。相信會帶來力量，難得出現很棒的結果時，你卻質疑占卜的準確性，這樣也未免太可惜了！mimineko我這個人非常單純，每次只要有人說了好話，我就會立刻信以為真（笑）。譬如我還記得十幾年前，某位占卜師對我說過的話，甚至直到現在都還會在快要撐不下去的時候告訴自己：「既然他當時都那樣說了，那就一定沒問題啦！」只要是聽了會讓人心花怒放的話，我就會一直相信下去。

當自己占卜出不好的結果時，我會不厭其煩地追問塔羅牌：「那要怎麼做才會變好呢？」若出現令人開心的結果，我就會用手機拍下來，經常拿出來看一看，笑嘻嘻地告訴自己：「會很順利的！」雖然其他人可能會覺得我這樣有點不切實際，比起占卜的結果準不準，我更喜歡對未來深信不疑的狀態。假如情況真的無可救藥，那就到時候再難過就好，不必從一開始就感到悲觀。因為要將什麼樣的未來放進人生，完全取決於你自己！

塔羅占卜可以不可以

塔羅牌可以占卜任何問題，尤其擅長「最近會發生的事」、「某人的心情」和「選擇題」。反之，「很久以後才會發生的事」以及「模稜兩可的事」則是塔羅牌比較不拿手的領域，因此需要在問問題的方式上下點功夫。另外，占卜關於某個人的生死或是犯罪行為的問題被視為禁忌。

用塔羅牌將戀情的走向和對方的心情一網打盡！

塔羅牌可以進入潛意識（即阿卡西紀錄）、占卜當前的情況、對方的心情乃至於未來的可能性。這是因為塔羅占卜很重視偶然性，而人類的潛意識會影響「偶然」。我們的意識分成顯意識和潛意識兩種類型，潛意識掌握了當事人沒有認知到的事實及未來。只不過，聽到「阿卡西紀錄」這個陌生名詞，各位可能會想，應該只有具備特殊能力的人才進得去吧？但其實每個人都有類似「第六感」的能力，你身上一定也藏著靈性力量。作為使這股力量大放異彩的工具，塔羅牌必定會助你一臂之力。

占卜時，請你用「為了更了解彼此、為了更幸福的生活，請賜予我關於這段戀情的指點吧」這種正向的態度面對塔羅牌。你那為了兩人的幸福著想的純粹心意，將會開啟阿卡西的大門！

什麼是阿卡西紀錄？

阿卡西紀錄（Akashic records）指的是一座將自宇宙誕生開始發生的一切記錄下來的資料庫，裡面的資訊永遠都在不斷更新。實際發生過的事情自不待言，人類的情緒或思念等資訊亦涵蓋其中。它記錄的不只有過去而已，就連未來可能會發生的事也不例外。又名「宇宙圖書館」或「集體意識」。

占卜戀愛塔羅牌的注意事項

本節整理了希望各位在用塔羅牌為戀情占卜吉凶時，務必要時時放在心上的注意事項。

傾聽自己的真正心聲

人一旦墜入情網，很容易就會滿腦子只想著對方，但占卜時最重要的，是回過頭確認自己內心的真實想法。倘若不確定自己所求為何，塔羅牌導出的答案也只會模稜兩可。有所煩惱時，請你一併針對自己的深層心理提出問題，也許會得到出乎意料的答案也說不定喔！接著再占卜「該怎麼做才能讓這段戀情順利發展」，向塔羅牌尋求建議，如此一來，塔羅牌一定會告訴你解決的辦法。

帶著對自己的愛進行占卜

塔羅牌是一種會幫助你面對自己、給予支持的工具。當你非常在乎對方的心情時，更要認真地自我檢視。談戀愛要愈愛自己才會愈順利。只要認同「自己很棒」，自然就會覺得「這麼棒的我，談起戀愛一定也會無往不利」，對吧？我愛著一個很棒的對象，這樣的我肯定也是很棒的人。「我是被愛的」，只要想著這句話占卜，你就會放下對對方的執著，而塔羅牌揭露的答案也會變得一片光明喔！

不占卜負面的問題

塔羅占卜是神聖不可侵犯的，因此不得占卜像是「那個人會不會遭到報應」這種負面的問題！占卜他人的不幸將導致能量減弱並出現錯誤結果。你或許曾在意甩了你的人的後續發展或情敵動向，說不定也曾悔不當初。然而，宇宙的法則是你對世界的所作所為必定會回到自己身上。「我不做違心之事，一定很快就會再談一場很棒的戀愛。」若你能這麼想，神明肯定也會為你加油打氣。只要請教塔羅牌有關新戀情的事，它們一定會說：「你將會談一場美好的戀愛♡」

不讓心情跟著結果大起大落

塔羅牌向我們展現的是「目前最有可能發生」的未來。出現的結果頂多只是可能性之一，所以就算不盡理想，也請你不要感到悲觀！若是出現的結果有別於你所期望的未來，只要慢慢調整兩者之間的落差就可以了！「維持現狀或許會造成這種情況」，光是能發現這個可能性，不就已經超幸運了嗎？未來是說不準的。該怎麼做才能調整方向，邁向光明的未來呢？就請各位跟我一樣（笑），不厭其煩地借助塔羅牌的力量尋求建議吧！

對一切懷抱感恩的心

前面說過占卜負面的問題會導致能量減弱，但假如反過來帶著對對方或周遭的感謝和愛情來占卜的話，塔羅牌就會積極地給予回應。因為為對方的幸福祈禱也會使你的能量隨之提高。而且這種情況不僅限於塔羅牌，若一個人對周遭懷抱感恩的心，那麼他的願望會更容易實現。這是因為愛著世界的人也會被世界所愛。反之，把所有問題都歸咎於旁人的人，他的願望將難以成真。請務必對圍繞在自己身邊的一切心懷感謝，並且別忘了謝謝你的好夥伴塔羅牌喔！

mimineko教你！
和塔羅牌變熟的方法

在這裡，我將為剛準備接觸塔羅牌的各位介紹跟塔羅牌變熟的方法。

◆◆◆◆◆◆

養成「每天一張」的習慣

在熟悉塔羅牌與增進占卜技巧的方法當中，沒有什麼是比增加接觸牌的次數更有效的了！即使是在沒有什麼煩惱的時候，也請試著向塔羅牌提出問題，就算是「今天會發生什麼事」、「今天午餐要吃義大利麵還是蛋包飯」這種日常瑣事也無所謂。每天占卜會增加對牌的熟悉度，使你和塔羅牌的信賴關係與日俱增！

製作塔羅筆記

不論是初學者也好，有經驗者也罷，請各位一定要製作塔羅筆記。自己想用塔羅牌占卜什麼？想用塔羅牌讓自己變成什麼樣子？寫下這些答案也相當於在表明決心。占卜結果自不用說，也請一併記下對每一張牌的理解和解釋。檢討占卜結果與實際發生的情況是否一致，也有助於提升解牌技巧喔！

拍下結果留作紀錄

等你進步到能用牌陣（P82）占卜之後，就用手機拍下占卜結果吧！這樣既可以搭配塔羅筆記留作紀錄，覺得寫筆記很麻煩的人也能看著照片檢討結果，用起來非常方便。為了不讓自己分不清哪張牌是占卜什麼問題的結果，可以幫照片加上備註。占卜到好結果的照片也會成為你的心靈護身符喔♪

善用塔羅APP

雖說要增加接觸塔羅牌的次數，但只要一忙就很難抽出時間好好占卜；即便如此，要每天把牌帶在身上又太麻煩了，對吧？這種時候，我推薦能夠在手機或平板上使用的塔羅APP。這樣在外面遇到猶豫不決或忽然想問問題的時候都可以隨手抽牌，相當便利。能夠利用零碎的空檔占卜也是APP的優點之一。

PART 1

學習78張牌的牌義

本章將逐一解釋每張牌的牌義，
牌上的象徵圖案是塔羅牌要給你的訊息。
請將書中的解釋當成解讀這些訊息的線索，
重點在於用心觀察每一張牌。

本章的使用說明

本章將解釋塔羅牌義，P22開始是22張大阿爾克那，
P46開始是56張小阿爾克那。這裡將針對解說中的各別項目說明。

大阿爾克那

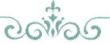

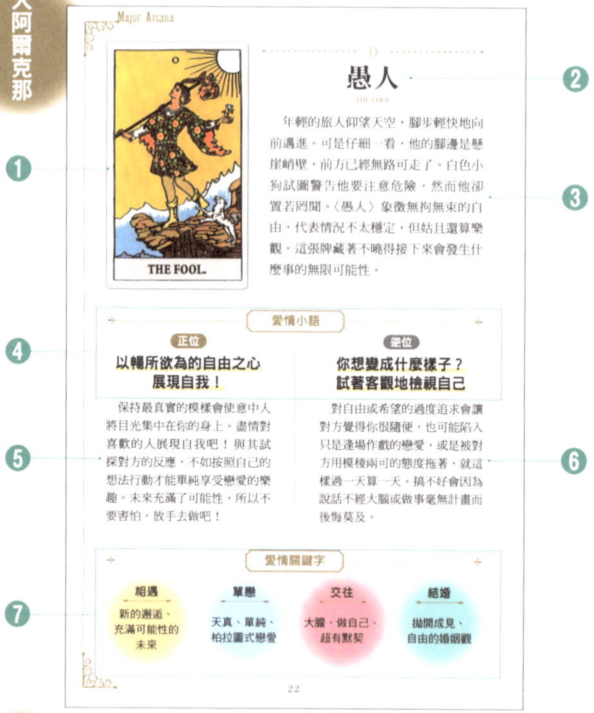

小阿爾克那

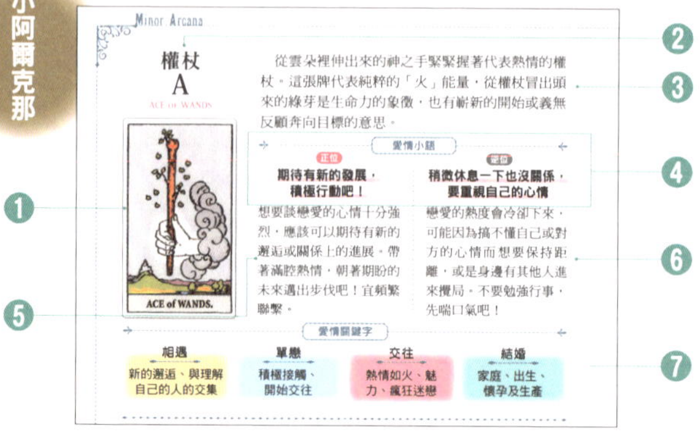

❶ 牌的圖案

本書使用偉特史密斯塔羅牌。每張大阿爾克那的上面是編號，下面是英文名稱。小阿爾克那的A、侍從、騎士、皇后和國王下面有英文名稱，除此之外的2～10會在上面標示羅馬數字。

❷ 牌的編號、名稱

塔羅牌被賦予的名稱和編號。本書介紹的名稱和排列順序是參照偉特史密斯塔羅牌。

❸ 牌的基本涵義

說明牌面圖案的特徵以及這張牌的象徵意義。

❹ 愛情小語

這裡是miminero要對戀愛中的你說的話。內容會因為正、逆位而異。請當成解牌的建議參考看看。

❺ 正位的牌義

mimineko對這張牌在戀愛占卜中呈現正位（上下方向正確）的獨到見解。

❻ 逆位的牌義

mimineko對這張牌在戀愛占卜中呈現逆位（上下方向顛倒）的獨到見解。

❼ 愛情關鍵字

相遇、單戀、交往、結婚這四個階段的關鍵字。請思考自己的戀情處於哪個階段，將關鍵字作為占卜的靈感來源，也參考其他階段的關鍵字來解牌吧！

PART 1 學習78張牌的牌義

POINT

羅馬數字怎麼看？

　　羅馬數字有固定的記數法則，在Ⅰ（1）、Ⅱ（2）、Ⅲ（3）以後的數字都是以V（5）和X（10）為基準。V和X右邊的數字代表加，左邊的數字代表減。例如XⅧ（18），要先計算右邊的兩個數字再加X（10）。

5 3 Ⅷ	V的右邊是Ⅲ，所以 5＋3＝8
1 10 Ⅸ	X的左邊是Ⅰ，所以 10－1＝9
10 5 3 XⅧ	V的右邊是Ⅲ，所以 5＋3＝8 再加上10 8＋10＝18

象徵重要主題的
22張大阿爾克那

　　在78張牌中，22張大阿爾克那的意義尤其重要。初學者在聽到「塔羅牌」三個字時，最先會聯想到的，難道不正是這些大阿爾克那嗎？大阿爾克那神祕而抽象的圖案擁有刺激觀者想像力的神奇魅力，其中的主題包含〈魔術師〉和〈皇帝〉等人物、〈星星〉和〈月亮〉等自然物以及〈力量〉和〈正義〉等概念。

　　除此之外，大阿爾克那還有一項特徵，就是每張牌都有自己的固定名稱。大阿爾克那的牌義比小阿爾克那抽象，提供的是大方向的指引，比方說一個人會在人生中經歷的命運事件或事物的本質。實際用78張牌占卜時遇到大阿爾克那，請想成有特別重要的提示藏在其中。以大阿爾克那為中心解牌會更容易掌握牌陣的整體涵義喔！
　　一般會按照0到22的排列順序，將大阿爾克那解釋成一篇故事。從貌似流浪者的〈0愚人〉展開旅途，在〈Ⅰ魔術師〉嘗試創新，在〈Ⅱ女祭司〉獲得聰明才智……。像這樣經歷了各種經驗以後，最終抵達圓滿的〈Ⅹ 世界〉。或許大阿爾克那是以人的「成長」為主題，在教導我們人生的道理也說不定吧！

　　透過本書才初次接觸到塔羅牌的讀者，會不會因為遇到〈戀人〉就面露喜色，遇到畫著駭人死神的〈死神〉就陷入絕望呢？儘管我希望大家以塔羅牌給自己的印象為重，但其本質上的意義並非如此單純。事實上，〈戀人〉在「喜悅」之外也暗示「甜蜜的誘惑」；相反地，〈死神〉則同時有「事物的終結」和「切換」兩種涵義，甚至還會讓人感受到「新的開始」。

塔羅牌的牌義絕對不是一面倒的，而是會隨著提出的問題、採用的牌陣以及出現的位置有所改變。塔羅牌就跟人一樣，會根據時間和地點展現出不同面貌。因此，請不要沒來由地覺得某張牌很可怕就心生抗拒，讓我們先從正確了解牌義開始著手吧！這樣塔羅牌應該也會和你縮短距離。等到你們變熟了以後，塔羅牌絕對會成為你堅強可靠的夥伴喔！

只用大阿爾克那占卜也沒關係
　　覺得用整牌組占卜的門檻太高的讀者，也可以先從只用大阿爾克那開始練習！大阿爾克那代表重要的主題或元素，會為我們提供大方向的指引，因此反而能更直觀地接收到牌的訊息。

POINT

只用大阿爾克那占卜也沒關係

　　覺得用整牌組占卜的門檻太高的讀者，也可以先從只用大阿爾克那開始練習！大阿爾克那代表重要的主題或元素，會為我們提供大方向的指引，因此反而能更直觀地接收到牌的訊息。

Major Arcana

愚人
THE FOOL

年輕的旅人仰望天空，腳步輕快地向前邁進。可是仔細一看，他的腳邊是懸崖峭壁，前方已經無路可走了。白色小狗試圖警告他要注意危險，然而他卻置若罔聞。〈愚人〉象徵無拘無束的自由，代表情況不太穩定，但姑且還算樂觀。這張牌藏著不曉得接下來會發生什麼事的無限可能性。

愛情小語

正位
以暢所欲為的自由之心展現自我！

保持最真實的模樣會使意中人將目光集中在你的身上。盡情對喜歡的人展現自我吧！與其試探對方的反應，不如按照自己的想法行動才能單純享受戀愛的樂趣。未來充滿了可能性，所以不要害怕，放手去做吧！

逆位
你想變成什麼樣子？試著客觀地檢視自己

對自由或希望的過度追求會讓對方覺得你很隨便，也可能陷入只是逢場作戲的戀愛，或是被對方用模稜兩可的態度拖著，就這樣過一天算一天。搞不好會因為說話不經大腦或做事毫無計畫而後悔莫及。

愛情關鍵字

相遇
新的邂逅、充滿可能性的未來

單戀
天真、單純、柏拉圖式戀愛

交往
大膽、做自己、超有默契

結婚
拋開成見、自由的婚姻觀

魔術師
THE MAGICIAN

年輕的魔術師一臉坦蕩，將手中權杖高高舉起。陳列在前面桌上的物品，是跟權杖一樣代表四大元素的錢幣、寶劍以及聖杯。他能夠自由自在地操作這些工具，擁有創造萬物的力量和自信。這張牌是在告訴我們，出發的準備已經完成，必須採取行動的時刻已然來臨。

愛情小語

正位
是時候釋放你的美麗氣場，跨出那一步吧！

現在是你展現超凡魅力、發光發熱的時候。你已經做好了充分準備，因此關鍵在於主動出擊。你會和對方聊得非常起勁，溝通起來也相當流暢。為了不錯過這個大好機會，你只能相信自己的魅力跨出那一步了。

逆位
你的直覺是很強沒錯，但偶爾也試著多想一下吧？

你的心裡或許有所迷惘。與其匆忙地採取行動，倒不如好好認真地面對自己。要是就這樣像隻無頭蒼蠅般橫衝直撞，很可能會牽連身邊的人，因此害自己失去信用。請承認自己的準備不足，試著以冷靜的態度來面對吧！

愛情關鍵字

相遇
充滿知性的對象、感覺會談到理想的戀愛

單戀
有更多交流的機會

交往
能夠互相理解、變得更有魅力

結婚
機會來臨、溝通協商

Major Arcana

II 女祭司
THE HIGH PRIESTESS

氣質莊重、品格高潔的女子端坐在黑色和白色柱子中間，她擁有平衡男女、陰陽等相反性質的能力，捧在手裡的書籍是知性的象徵。〈女祭司〉代表不會被情緒牽著鼻子走，而是會藉知識和理論來解決問題的高度精神性。這張牌表示具備合理思維，甚至令人感受到冷靜和潔癖的崇高智慧。

──(愛情小語)──

正位

相信直覺會為戀愛帶來更多的可能性！

現在的你有很強的直覺。可以感知到對方內在的感受或腦中的想法，能夠從客觀的角度判斷自己的心情，對於隱藏在背後的事物具備敏銳的感受力。跟著自己的第六感行動，應該就會有出乎意料的機會從天而降。

逆位

放心，相信未來吧！擔心的話就深呼吸

你的身體是不是太用力了？精神緊繃害得你目光狹隘，整個人焦躁不安。你總是在別人身上看到自己討厭的地方，小心別帶著情緒加以批判。提醒自己不要隨著情緒起舞，在心中描繪光明的未來吧！

──(愛情關鍵字)──

相遇
隱藏的心意、柏拉圖式

單戀
敞開心胸交流、重視內在

交往
值得信賴的對象、性格上的優點

結婚
平靜、穩定

女皇
THE EMPRESS

在一片蓊鬱富饒的大自然中，女皇帶著沉穩的表情，慵懶地斜靠在椅子上。她自然放鬆的模樣透露出優雅的氣質，可見她的內心有滿滿的愛。那豐滿圓潤的體態則顯示出她是一位生兒育女的母親。這張牌代表享受在物質上或精神上得到滿足的幸福，不求他人回報的愛情與包容力。

愛情小語

正位
發自內心感到滿足的時刻，展現你的魅力吧！

你有機會感受到被愛的喜悅。被人愛著的感覺使你也能接受對方的一切。此時的你還充滿蠱惑人心的女性魅力，若能完全展現出來，效果將會非常顯著。遊刃有餘的態度以及充滿母愛的包容力會讓異性對你一見傾心。

逆位
你是被愛著的。趕快意識到這件事吧！

你似乎對現狀有所不滿，亟欲得到更多的愛；也可能是忘了對他人投注在自己身上的愛心懷感恩，將其視如敝屣。要是你沒意識到圍繞在自己身邊的愛有多麼可貴，不但魅力會頓時減半，說不定還會因此錯失良機。

愛情關鍵字

相遇	單戀	交往	結婚
轟轟烈烈的愛、收穫良多的戀情	有魅力的女性、溫柔的人	用母愛包容對方、性魅力、安心感	懷孕、生產、即將結婚者

Major Arcana

皇帝
IV — THE EMPEROR

〈皇帝〉以威嚴肅穆的氣勢坐在奢華的寶座上。我們能夠從那銳利而嚴肅的表情一窺其雄威和信念。皇帝本人親自穿上戰甲突顯了他的行動力與貨真價實的責任感。身後尊貴崇高的山巒代表他不甘止於目前的地位，有很高的上進心。這張牌象徵野心勃勃地率領周遭前進的積極主動態度。

愛情小語

正位
帶著驕傲行動，你一定會更接近理想的情況

積極的態度會幫助你抓住好運。帶著信心掌握戀愛的主導權吧！有機會透過主動展開攻勢或規劃約會行程讓關係往好的方向發生變化。反過來說，也可能是在暗示你會遇到值得託付終生或很有責任感的人。

逆位
不需要裝模作樣，真正的你才是最動人的

你可能會不必要地偽裝自己，結果卻只是徒勞無功，害對方大失所望。或者是下意識認為自己才是對的，把這些觀念強加在對方身上。不要太拼命地做些什麼，在考慮到對方感受的同時，重新想想自己該怎麼做吧！

愛情關鍵字

相遇
談戀愛要重攻大於守、可靠的對象

單戀
積極主動、主導戀情發展

交往
責任感、父性、安排約會行程

結婚
以積極的行動贏得信賴

教皇
THE HIEROPHANT

　圖中有一名身穿聖袍的男子，以及兩名像是正在跪拜他的神職人員。這名男子是守護道德和秩序，為世人講授知識和教義的〈教皇〉。他的表情沉著穩重，看起來滿懷慈悲。這張牌代表社會的道德規範、堅不可摧的信賴以及精神上的成長。亦指宗教、身心靈、傳統或團體等精神寄託。

愛情小語

正位
**接納自己
以培養可以從容愛人的心**

　你會變得更加誠實，能夠獲得對方的深厚信賴。談戀愛不會只是玩玩而已，而是重視信賴關係的深入交流。因為這個原因，現在的你可能也很容易變得有點固執，請注意別強迫自己遵守規則，導致視野變得過於狹隘。

逆位
**不要獨自煩惱，
積極與人溝通**

　此時的你可能有某種錯誤認知。對規則過度堅持，或是反過來沒有按照規則行事。這樣的結果將導致你無法與對方建立信賴關係。你現在要做的是放下自尊，用坦誠的心跟對方溝通，這樣才能開出一條活路。

愛情關鍵字

相遇
穩定的戀情、成熟的戀愛

單戀
誠實的人、溫柔體貼、包容力

交往
互相扶持的關係、尊重彼此

結婚
放寬心才會讓婚期更靠近

PART 1　學習78張牌的牌義

Major Arcana

戀人
THE LOVERS

VI

一對男女面對面佇立在有天使眷顧的伊甸園裡。從他們一絲不掛、毫無防備的樣子可以看出，兩人之間沒有任何的祕密或束縛，只是單純在享受這段關係。〈戀人〉這張牌代表令人雀躍不已的興奮、樂趣或幸福時光。只不過，也千萬不能忘了禁果所象徵的誘惑正在步步逼近。

愛情小語

正位

感覺會發展出甜蜜戀情，用全身感受這份好運吧！

你將邂逅使你感受到命中注定，甚至稱得上「靈魂伴侶」的完美對象，並且產生這段關係將會延續到將來的預感。現在就縱身於喜悅之中，享受來自上天的祝福吧！這時要坦率順從自己的心意，跟著幸福的感覺走。

逆位

冷靜一點，機會已經出現了

縱使遇到了很棒的機會，你卻可能因為優柔寡斷而錯失良機。談感情也只是逢場作戲，又或是被捲入三角關係。只要先靜下心來反省自己，一定能認清什麼才是必須把握的選項。小心不要敗給一時的誘惑。

愛情關鍵字

相遇
一見鍾情、兩情相悅

單戀
戀愛的小鹿亂撞、有預感會交往

交往
感覺到命運的愛、性魅力

結婚
求婚、共赴將來的戀愛

— 28 —

戰車
THE CHARIOT

圖中有一輛疾馳而行的戰車，坐在車上的青年正直直地凝視前方。拉著戰車前進的是一黑一白代表相反性質的兩隻人面獅身獸。青年不用韁繩就能駕馭戰車，這副模樣令人感受到他不同凡響的意志力以及龐大的能量。〈戰車〉這張牌象徵心無旁騖、全力奔向目標的強大意志與決心。

― 愛情小語 ―

正位
**坦率表現出積極的態度
才會讓愛情的道路出現曙光**

這時候要勇於採取大膽的行動才會奏效，說不定會發生跟戀愛有關的情勢變化。例如突如其來的邂逅或關係改變，又或者是原本阻礙情路的的絆腳石被移除了。你大可誠實面對自己的心情，朝著目標筆直邁進。

逆位
**與其徹底死心，
不如先緩和一下情緒**

你可能會無法好好控制自己，因而做出脫序的行為或失去動力。不要因為一時情緒激動就自暴自棄，調整計畫或掌握情況，才是此時此刻的當務之急。你最好讓急躁的心情沉澱下來，改變自己的思考模式。

― 愛情關鍵字 ―

相遇
突如其來的邀請、飛快的進展

單戀
戰勝情敵、度過難關

交往
表裡如一、純粹的心意、解決問題

結婚
說出真正的想法讓事情照著期望走

Major Arcana

力量
STRENGTH
VIII

　讓萬獸之王獅子乖乖聽話的是面帶沉穩笑容的女性。她之所以能做到這點，既不是令對方屈膝的權力，也不是將對方壓制的蠻力，而是她無比強大的精神力。獅子象徵本能、欲望這些人類的無意識領域。代表只要有不屈不撓的精神和愛情，便能夠克制自己，披荊斬棘。

愛情小語

正位
不停示愛吧！
開花結果的時刻即將到來

　只要繼續傾注真摯的愛，對方就會開始敞開心扉。雖然可能要花上一些時間，但光明的未來已經指日可待。堅忍不拔地帶著愛情與對方相處的態度，是發展這段關係的關鍵，這樣建立起來的感情才經得起考驗。

逆位
不要畫地自限！
一定會有希望的！

　現在的你缺乏毅力，愈來愈想放棄這段戀情。說不定會變得畏畏縮縮，想要逃避麻煩的事情。不過，要是能在這裡認真面對對方或問題，希望的大門一定會為你打開。請不要讓至今為止的努力付諸流水。

愛情關鍵字

相遇
強大的意志、
最佳拍檔

單戀
花時間
慢慢面對彼此

交往
努力會有回報、
心心相印

結婚
獨一無二的存在、
以強大的情感
緊密相連

隱士
THE HERMIT

披著灰色斗篷的老人用一盞提燈照亮前方的黑暗。他是遠離世俗、領悟真理、知識淵博且經驗豐富的隱士。強大崇高的精神力也使他肩負起為那些迷失在黑暗中的人們指引方向的職責。〈隱士〉這張牌有刻意選擇孑然一身來靜靜反省自己的內心、過去以及探索內在等涵義。

愛情小語

正位

你們為何相遇？
是時候了解真相了

現在是你面對自己的時候。雖然很難期待事情在這個時間點出現進展，但回頭檢視自己的心情，你會察覺對方的重要性，或是發現這段關係的問題出在哪裡。刻意保持距離的結果或許能讓你們的感情變得更加深厚。

逆位

不要害怕得躲起來，
相信對方吧！

現在的你把自己的內心徹底封閉，可能會變得沒辦法再相信對方，或是產生孤單寂寥的感覺。總是跟對方或他人保持距離，會進一步把自己逼入孤獨的絕境。說不定還會美化過去的戀愛或選擇逃避現實。

愛情關鍵字

相遇	單戀	交往	結婚
互相安慰寂寞的心	前世因緣、個性穩重、復合	真實的彼此、深厚的感情	共同學習人生課題的伴侶

X
命運之輪
WHEEL OF FORTUNE

不停旋轉的巨大車輪代表命運本身。圍繞在四周的有阿努比斯和人面獅身獸,以及對應四大元素的公牛、獅子、老鷹和天使,他們全都隨著車輪一起轉動。〈命運之輪〉代表命運片刻不停地持續滾動,又指人類意志所無法觸及的宿命;也有幸與不幸會交互循環,不會持續到永遠的意思。

愛情小語

正位

預感將有好運降臨!
心懷感謝並順其自然

愛情的齒輪正要開始轉動。你有預感自己會突然遇到很棒的對象或發生幸福的變化。感謝這份好運並趁勝追擊,應該就能把握住這個天賜良機。之前陷入停滯的關係或遇到瓶頸的感情也能不再卡關,邁向下一個階段。

逆位

幸運一定會輪到你的身上,
伺機而動吧!

現在正值戀愛的逆風期。一下是彼此的時間無法配合,一下是努力卻成了竹籃打水,可能會發生什麼讓你深刻體會到自己的運氣真的很背。明白現在不是行動的時機,靜觀其變才是上策。冷靜找出該走的路吧!

愛情關鍵字

相遇
大大改變
人生的邂逅

單戀
突然從天而降的
戀愛機會

交往
改變的時刻、
好轉、進展

結婚
能夠以有如
命中注定的發展
抓住幸福

正義
JUSTICE

XI

坐在椅子上，一臉嚴肅地面向正前方的這位女性是裁決善惡的法官。她一手拿著測量罪孽深重的天秤，一手握著裁決邪惡的寶劍。背後的石柱彷彿像是在彰顯她處變不驚的精神狀態。〈正義〉這張牌代表具備客觀的視角，試圖以理性做出判斷的中立性。另外也表示事物處於平衡的狀態。

愛情小語

正位
只要慢慢培養信任，關係就會有所進展

你們會建立認真而平等的交往關係，能夠尊重彼此。雖然缺乏宛若烈焰般的熾熱情意，但應該能慢慢了解對方培養感情。現在的你可以保持冷靜，所以要是遇到價值觀有出入的情況，就和對方好好溝通吧！

逆位
談戀愛要順利的關鍵在於謙虛的態度！

現在的你常常感到不公平，覺得為這段感情付出的總是自己，對方卻沒有給予任何回饋，有種吃虧的感覺。你還很自以為是，所以最好多聽聽旁人的意見。只要客觀地自我反省，應該就會發現自己不對的地方。

愛情關鍵字

相遇
重視道德倫理的來往

單戀
有誠意的人、冷靜、在意社會的眼光

交往
互相溝通、對等的交往

結婚
言行一致會連接到未來的可能性

Major Arcana

倒吊人
THE HANGED MAN

XII

圖中的男子以手腳遭到綑綁的狀態，頭下腳上地倒掛在樹上。明明這個姿勢應該令人動彈不得、相當難受，但是他的表情卻非常冷靜，頭上還發出亮光。或許正是因為身處在這種痛苦的情況，他才能夠好好地面對自己。〈倒吊人〉無論遇到什麼考驗都要咬牙忍耐並坦然接受，這樣機會才可能從天而降。

愛情小語

正位
**你的溫柔心意
終究會回到自己身上**

現在是犧牲自己的時候。你會對對方言聽計從，或是一直耐心等候、無微不至地照顧對方。儘管如此，你卻對這種情況甘之如飴。雖然現在還沒有發展到戀愛的階段，總有一天，你奉獻給他的愛一定會回到自己身上。

逆位
**珍惜自己
才會得到對方的愛**

你正處在犧牲自我卻一無所獲，因而走投無路，所有努力都成了白費工夫的情況。要是因為這樣就自暴自棄，很可能會造成更嚴重的惡性循環。你的目光狹隘，需要轉換思維。首要之務是先珍惜自己。

愛情關鍵字

相遇
無私奉獻、
時間很難配合

單戀
犧牲自我、
慈愛、
全心付出的愛

交往
忍耐會獲得回報

結婚
犧牲奉獻的心意
會開花結果

死神
DEATH

騎著白馬的死神走在屍橫遍野的戰場上。雖然很容易給人可怕的印象，不過〈死神〉代表事物的終結，表示將會由此開始發生轉變。結束本就注定會帶來新的開始。從山的另一邊剛要升起的太陽象徵脫胎換骨或死而復生。〈死神〉會告知「暫時畫下句點」以延續未來的時機。

愛情小語

正位

**新的階段
正準備迎接你的到來！**

現在正是遭遇失戀或別離等等，關係將要結束的時候。這個結束絕非只有負面的涵義，因為確實迎來終結才會讓通往嶄新未來的大門隨之開啟。你本身也可能發生變化，像是放下多年來的執著或改變愛情觀。

逆位

**現在要面向前方邁開步伐，
不要回頭**

你似乎放不下對對方的執著，對過去念念不忘，不容易接受改變。無法對他死心導致你鬱鬱寡歡。與其被困在已經結束的事情裡面走不出去，不如把現在當成改變的時機，踏出全新的開始，打開未來的大門。

愛情關鍵字

相遇	單戀	交往	結婚
放下執著 邁向新的未來	總結過去、迎來結束	轉捩點	徹底重新檢討

PART 1 學習78張牌的牌義

Major Arcana

節制
TEMPERANCE

天使雙手各拿一個杯子，正在小心翼翼地混合不同液體。仔細看的話會發現，他一腳踏在地上，一腳踩在水裡，維持著恰到好處的平衡。〈節制〉代表用自制力讓性質迥異的事物取得協調並保持平衡。混和這些液體或許會誕生出某種新的事物。這張牌也有與他人溝通或和解的意思。

愛情小語

正位
保持本色應該就能和對方建立和諧的關係

現在的你與對方心意相通，頻繁交流。不打腫臉充胖子的自然樣貌會讓對方留下好印象。因為能夠了解彼此，才有機會看到對方不為人知的另外一面，並從友情發展成愛情，說不定還能跟關係不好的人互相理解。

逆位
情緒快要失控的話，就用深呼吸來調整心情

這時很容易和對方發生齟齬，因而造成你莫大的壓力。你們的關係可能會失去平衡，付出的感情有去無回，或是以自己為優先，把對方耍得團團轉。在真正無法挽回地錯過之前，請先自問自答，讓心情平復下來。

愛情關鍵字

相遇	單戀	交往	結婚
對你有好感、可以做自己	態度友善、友情變成愛情	不勉強的交往方式	在穩定的情況下討論、節儉

— 36 —

惡魔
THE DEVIL

巨大的惡魔坐在中間，旁邊則是一對被鎖鏈套住脖子的男女。不過仔細一看，會發現鎖鏈似乎沒有綁緊。即便如此他們還是沒有逃跑的原因，是因為已經被惡魔帶來的快樂變成俘虜了，暗示人的精神不知不覺被快樂或放棄的念頭侷限了自由。〈惡魔〉這張牌代表精神上的束縛或從中獲得解脫。

愛情小語

正位
**放下欲望
才會看見自己的真心**

你或許會在情路上遇到某些障礙，因而擺脫不了嫉妒或對對方的執著心；也可能腳踏兩條船或談了危險的戀愛，陷入逞一時之慾的誘惑之中。別耽溺於眼前的情感或快樂，看來你需要重新想想，什麼才是你真正想要的。

逆位
**只要鼓起勇氣離開，
心情應該就會輕鬆許多**

你看見了從以前一直綁著自己的事物當中慢慢得到解脫的徵兆。應該可以跟孽緣撇清關係，或者放下對戀愛的執著，脫離桎梏。雖然你可能還是會有點依依不捨，但仍然要對抗自己內心的惡魔並斬斷誘惑！

愛情關鍵字

相遇
魅惑人心的印象、刺激欲望

單戀
執著、魔性、遵循本能

交往
泥沼、嫉妒、外遇、孽緣

結婚
缺乏計畫性

XVI

高塔
THE TOWER

　　圖中畫著一座直上雲霄的高塔因為巨雷崩塌的景象。塔在火光之中開始坍塌，皇冠掉了下來，人們被彈出窗外，往下墜落。〈高塔〉暗示就像雷電從天空擊中地面，會有某種不可抗力帶來突如其來的終結或混亂。雖然這代表會發生衝擊性的變化或失去累積的事物，不過這些打擊只是一時的。

愛情小語

正位
改變就是轉機，樂觀看待吧！

　　應該會發生宛若晴天霹靂的驚人變化。雖然有發生戲劇性的邂逅或閃電結婚等等的意思，但也可能反過來得知衝擊性的事實、突然爆發口角或瞬間變心。這個變化是福是禍？答案可說是完全取決於你自己。

逆位
這是面對現實、重新審視理想的大好機會

　　似乎有什麼問題正要開始發生。你的精神會被一點一點地消磨殆盡，或許要花很多時間才能解決；也有可能受到後悔的摧殘，被迫保持在緊張狀態。在事情變得無可挽回之前，請試著從客觀的角度反省自己。

愛情關鍵字

相遇
充滿革命性、令人震撼的相遇

單戀
意外的突發事件、充滿刺激的戀愛

交往
隱瞞、價值觀改變、一時衝動的爭執

結婚
閃婚、檢討並改善現況

星星
THE STAR

在滿天的熠熠星光之下，一名渾身赤裸的少女凝望著水面。水從她拿在手中的兩個瓶子流瀉而出，注入池塘和大地，形成清澈的河川。過去作為路標指引旅人和航海員的星星，在現代依舊是賦予觀者勇氣的希望象徵。〈星星〉代表理想和希望將會實現，表示機會的到來或是開啟無限的可能性或才華。

愛情小語

正位

就像捉住流星一樣，把希望握在手裡！

現在的你對戀愛滿懷憧憬，機會即將從天而降。說不定會邂逅理想的對象或看見感情發展的徵兆。倘若你們的關係親密無間，便會在愛情催化下度過充實的時光，毫無保留地傾注愛意。請不要錯過這個機會。

逆位

別想得太負面，往好的地方看吧！

過高的理想讓你體會到現實與理想之間的落差。儘管與期待不符令你大失所望，但說不定情況其實相當不錯，只是你沒有發現而已。不要放棄希望，試著關注事情好的一面，這樣一定會有所收穫喔！

愛情關鍵字

相遇	單戀	交往	結婚
充滿夢想和希望	理想的人、可以有所期待的關係	充實的時光、心動的感覺	迎向光明未來的可能性

月亮
THE MOON

帶著一股憂鬱的月亮高掛在夜晚的黑暗之中，營造出不太平靜的氛圍。仰著頭的狗和狼似乎正在對著月亮長聲嚎叫，爬出池塘的小龍蝦則代表存在於潛意識的恐懼或不安即將浮出水面。〈月亮〉象徵人心被囚禁在幻想之中的模樣、因此看不見未來的情況，或是隨之而來的憂慮心情。

愛情小語

正位
真相即使是在薄暮之中也會閃閃發光

現在的你很容易沒有安全感，會沒來由地懷疑對方，或是反過來編造自認為合理的解釋，並且對此深信不疑。記得提醒自己小心行事，看清真相。這也暗示你可能會遇到充滿神祕、令人難以捉摸的對象。

逆位
迷惘和不安通通消失，開始看見開心的事

本來烏雲密布的內心會開始放晴。應該會消除懷疑、解開誤會或發現真相，使內心的不安一掃而空。如果有什麼想問的事，最好直接和對方問清楚。朦朧的道路會逐漸明朗，或許還能預測出將來的走向。

愛情關鍵字

相遇
神祕的相遇、充滿謎團的人

單戀
猜不透對方的心、莫名擔憂

交往
地下戀情、另有隱情

結婚
認清本質

太陽
THE SUN

XIX

　圖中的太陽平等地普照大地，賜予萬物溫暖恩澤。孩童沐浴在這樣的陽光之下，跨在馬背上高舉旗幟，模樣像極了慶祝勝利、凱旋而歸的士兵。〈太陽〉這張牌代表肉體上的旺盛活力、精神上的單純幸福。暗示成功的機會非常高，可能會收到來自周遭的祝福或認可。

愛情小語

正位

**幸福即將來臨，
記得面帶笑容！**

　戀情有望在此時開花結果，應該能盡情享受戀愛的喜悅。攜手共赴將來的可能性愈來愈高，關係會往前更進一步，或是成為周遭公認的情侶。為了好好把握這個機會，請你記得露出像太陽一樣燦爛的笑容喔！

逆位

**為了再次綻放光芒，
要不要先休息一下呢？**

　能量不足導致你現在沒辦法把自己原本的魅力或才華發揮出來，也可能反而變得過度自信，讓身邊的人覺得你很任性。這時先不要採取行動，試著把事情想得樂觀一點。等到充飽電之後，應該就能繼續發光了。

愛情關鍵字

相遇
有發展性、
充滿希望的
可能性

單戀
告白、
志趣相投、
心意相通

交往
常保笑容的關係、
未來一片光明

結婚
求婚、無限的
可能性

審判 JUDGEMENT

XX

天使吹響的號角將沉睡在棺材裡的亡者一一喚醒。這張圖的靈感出自《聖經》「最後的審判」，神會決定死而復生的人最終要前往天堂還是地獄，他們將以靈魂的形態在那裡展開新的生活。〈審判〉這張牌代表復活和解脫。指早就結束的事情會重新開始，從囚禁自己的囹圄得到解放。

愛情小語

正位
只要堅持到最後就會實現美好戀情

你會在快要放棄的戀愛中看見一絲希望。昔日的舊愛死灰復燃，一度破裂的關係會恢復原狀，還會因為重新發現對方的好，使感情變得更加深刻。為了讓這段戀情重新出發，善用反省過去的結果來抓住這個機會吧！

逆位
在過去的傷口癒合之前，現在先等一下吧！

這時候的你遲遲放不下內心的後悔或依戀。沒辦法整理好情緒，很容易變得目光狹隘。事情或關係陷入停擺，所以最好把現在當成自我反省的時機。只要能好好面對並清算過去，一定會有新的機會從天而降。

愛情關鍵字

相遇
過去放棄的事物
捲土重來

單戀
重修舊好、
治好心傷
積極尋找新戀情

交往
破鏡重圓、和好、
可以修復

結婚
再婚、
重新建立關係

XXI 世界
THE WORLD

一名氣質神聖的人物在毫無缺口或破綻的桂冠中間翩翩起舞。一般認為這個人是雌雄同體，象徵四大元素的公牛、獅子、老鷹和天使則分處在四個角落。大阿爾克那的最後一張〈世界〉代表的正是完美的狀態，象徵達成目的以及實現期盼已久的理想。完整的圓環則暗示此狀態會半永久地持續下去。

PART 1 學習78張牌的牌義

― 愛情小語 ―

正位

會與真命天子結為連理！放心感受幸福吧！

你們兩人的關係會以最美好的形態邁向終點。應該能遇到理想的對象、開始跟暗戀已久的人交往，抑或是沉浸在你喜歡我、我也喜歡你的幸福之中。現在就順其自然，珍惜到手的幸福吧！你的心會被滿滿的愛完全填滿。

逆位

確認自己想要什麼，直到最後都別放棄！

你們可能會停在距離終點只差一步的地方。縱使最後能夠抵達終點線，也得不到想要的結果，體會不到充實的感覺。但只要明白現在必須努力撐住，繃緊神經不要大意，說不定就能把至高無上的幸福收入囊中。

― 愛情關鍵字 ―

相遇
最完美的戀愛對象、理想的人

單戀
戀情成真

交往
兩情相悅、充滿歡笑的關係

結婚
祝福、快樂結局、理想的婚姻

由4種花色組成的
56張小阿爾克那

　　小阿爾克那是在78張塔羅牌中，意思更貼近生活且更具體的56張牌。大阿爾克那的圖案令人印象深刻，代表足以影響命運的重大事件；相較於此，小阿爾克那則少有一目瞭然的特徵，對初學者來說可能不太容易。不過，只要把構成小阿爾克那的「花色」記起來，就一點也不難了。

　　小阿爾克那分成權杖（wand）、聖杯（cup）、寶劍（sword）及錢幣（pentacle）4種花色，分別對應四大元素的火、水、風、土。也有說法認為，小阿爾克那是大家都很熟悉的撲克牌原型。有4種象徵符號的部分也和撲克牌一模一樣。關於小阿爾克那，只要記得這四種花色，還有分數字牌和人物牌（宮廷牌），這樣就夠了！沒有那麼困難，對吧？

　　小阿爾克那代表日常事件或人格特質這些與我們的生活息息相關的具體意象。如果說大阿爾克那代表的是大致的傾向或方向性，那麼小阿爾克那就是在傳達大方向中的具體事項或更細微的意涵。雖然因為數量龐大，乍看或許有點複雜，但正因為有這些小阿爾克那，才能做到更詳細、讓現實生活變得更好的解牌。

權杖
WANDS

　　權杖（棍棒）對應四大元素的火，象徵熱情、行動力及競爭意識。棍棒從原始時代開始就與人類同在，火則是一切生命的起源，因此權杖代表人類的生命力或靈魂的本能。

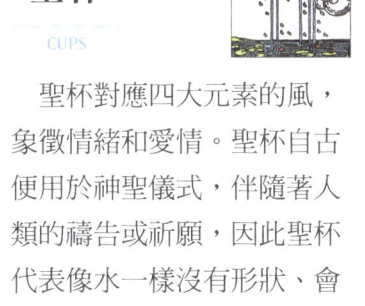

聖杯
CUPS

　　聖杯對應四大元素的風，象徵情緒和愛情。聖杯自古便用於神聖儀式，伴隨著人類的禱告或祈願，因此聖杯代表像水一樣沒有形狀、會流動變化的喜悅、悲傷、怦然心動等人類的七情六慾。

寶劍
SWORDS

　　寶劍對應四大元素的風，象徵人類的智慧和語言。寶劍是基於人類智慧的日新月異，透過技術製作而成的產物，因此寶劍代表內心糾葛、策略或選擇等源自於人類複雜思考的心理變化。

錢幣
PENTACLES

　　錢幣對應四大元素的土，象徵價值和利益。錢幣是將人類創造出來的價值數值化後的結果，因此錢幣代表在酬勞、房屋等物質資產或社會地位上的充實度。

Minor Arcana

權杖 A
ACE OF WANDS

從雲朵裡伸出來的神之手緊緊握著代表熱情的權杖。這張牌代表純粹的「火」能量，從權杖冒出頭來的綠芽是生命力的象徵，也有嶄新的開始或義無反顧奔向目標的意思。

愛情小語

正位
期待有新的發展，積極行動吧！
想要談戀愛的心情十分強烈，應該可以期待有新的邂逅或關係上的進展。帶著滿腔熱情，朝著期盼的未來邁出步伐吧！宜頻繁聯繫。

逆位
稍微休息一下也沒關係，要重視自己的心情
戀愛的熱度會冷卻下來，可能因為搞不懂自己或對方的心情而想要保持距離，或是身邊有其他人進來攪局。不要勉強行事，先喘口氣吧！

愛情關鍵字

相遇	單戀	交往	結婚
新的邂逅、與理解自己的人的交集	積極接觸、開始交往	熱情如火、魅力、瘋狂迷戀	家庭、出生、懷孕及生產

權杖 2
TWO OF WANDS

男子遙望遠方，手裡拿著一顆暗示他早已掌握榮耀的地球儀。然而他並不滿足於這樣的結果，戴著象徵熱情的紅帽，凝視著遙遠的彼方。這張牌代表以更上一層樓為目標。

愛情小語

正位
喜悅會逐漸增加，帶著自信強化情感連結吧！
也許會遇到共赴將來的對象，或在關於未來的話題上有所進展。要開闢通往未來的道路並建立自信。只要帶著這股自信去做，就會出現更多可能性。

逆位
不要著急，尊重自己和對方的感受吧！
逆位的〈權杖2〉暗示你會喪失自信，甚至可能根本沒意識到自己手中的幸福有多可貴就失去它了。現在先別著急，認真面對自己和對方的感受吧！

愛情關鍵字

相遇	單戀	交往	結婚
在情況的幫助下前進	情投意合、意氣相投	頻繁聯繫、約會次數增加	進展、結婚、描繪將來

權杖 3
THREE OF WANDS

一名男子正在眺望大海及遠方的船隻。儘管他已經取得成果，卻仍夢想著要為更上一層樓的功成名就展開新的冒險。這張牌暗示懷抱永無止盡的上進心，及啟航划向大海的期待或進步。

― 愛情小語 ―

正位
積極正向的行動
會引來順利的發展

戀愛的機會即將到來，可能會和感覺有希望的對象相遇、交往或更進一步。只要在心中描繪未來藍圖並積極行動，應該就能掌握感情發展的走向了。

逆位
別急著發展關係！
等待時機成熟吧！

你似乎還沒有做好準備。就算急匆匆地想做些什麼，應該也不會得到想要的結果。比起實際行動，現在不如試著把精力投注在制定計畫上吧！

― 愛情關鍵字 ―

相遇	單戀	交往	結婚
新的可能性、期待進展	感覺反應不錯、開始交往	積極、把將來納入考量	在腦中幻想過無數次的情況

權杖 4
FOUR OF WANDS

4根權杖被裝飾成一道拱門，在拱門的另一邊可以看見幾位手持花束的少女。背後的城堡給人充實富裕的感覺。這張牌有安寧、解脫或休息的意思，代表事情已經告一段落了。

― 愛情小語 ―

正位
應該能過上彼此都由衷
感到幸福的平靜生活

或許會發生能夠充分品嚐喜悅的事，譬如和可以放心相處的對象更進一步，你們也有可能步入禮堂。內心一片祥和，充斥著平穩的幸福感。

逆位
為了和諧的關係
展開更多對話吧！

你應該會察覺關係裡的異樣感，也可能表示出於惰性的交往或就此放棄。為了加深兩人之間的感情，你們需要誠實面對自己的心情好好溝通。

― 愛情關鍵字 ―

相遇	單戀	交往	結婚
安心感、懷念	療癒、交流、心靈支柱	心心相印、平靜祥和的心情	以結婚為前提、接受祝福

權杖 5
FIVE OF WANDS

5名年輕人用權杖互相攻擊，打得你死我活。他們之所以競爭並不是為了把對方踢下馬，而是要互相砥礪、共同進步。這張牌代表與他人切磋琢磨才能獲得的全新展望或成長。

愛情小語

正位
刺激又能帶來成長的戀愛，坦率表達心意吧！

情敵的存在會浮上檯面。無法簡單到手的戀愛應該會讓你燃起熊熊鬥志吧！此外，兩人之間的衝突最終也許會促使你們培養出更深刻的情誼。

逆位
認輸的才是贏家！保持玩弄對方於股掌間的從容

可能會演變成無意義的爭吵。這時要先退一步，讓對方發洩，藉此反過來掌握主導權。這場衝突只會徒然消耗彼此的精神，所以千萬不要拖得太久。

愛情關鍵字

相遇	單戀	交往	結婚
情敵的存在、強勁的對手	橫刀奪愛、三角戀、驚險刺激的戀愛	愈吵感情愈好	尊重彼此的意見並改善

權杖 6
SIX OF WANDS

男子騎馬凱旋而歸，頭上戴著象徵勝利的桂冠。從他豎起背脊、抬頭挺胸的模樣，可以感受到那彷彿要滿溢而出的自信和驕傲。這張牌代表會被身邊的人認同或成為矚目焦點。

愛情小語

正位
展現你的本色吧！對方會感受到你的魅力

也許會跟人見人愛的萬人迷有更進一步的發展或收到他人祝福。面對高不可攀的對象也不要退縮，勇於展現自己的優點吧！此時告白比較容易成功。

逆位
現在要放下自尊，提醒自己保持誠實

打腫臉充胖子是行不通的，這也會導致對方對你失去信任，所以就算丟臉也要讓對方看到自己的弱點，這樣才會有好的結果。也不要再找藉口了。

愛情關鍵字

相遇	單戀	交往	結婚
很有異性緣的人、為之傾倒	從告白開始交往	親密的關係、引以為傲的戀人	把主導權交給對方、祝福

權杖 7
SEVEN of WANDS

青年用權杖迎戰低處的敵人。儘管在人數上屈居劣勢，卻仍善用懸崖上這個有利的位置對抗敵人，從他的表情甚至能看見對勝利的確信。這張牌代表永不妥協地奮戰到底、堅守地位。

愛情小語

正位
貫徹對對方的信念以實現心願

此刻即使遭遇阻礙也要勇敢出擊，這樣才能夠打敗對手。放手一搏的精神也許有機會打動對方的心。重要的是奮不顧身、拼命努力的態度。

逆位
只要意識到自己有多出色，應該就會湧現自信了

你或許會因為自己處在劣勢而感到退縮，也可能會輸給對手，或者再三猶豫、不敢行動。與其拿自己和他人做比較，不如重新檢視自己的優點吧！

愛情關鍵字

相遇	單戀	交往	結婚
愛得不可自拔、猛烈追求	戰勝情敵、趁勢告白	開始交往、終於修成正果	對方會下定決心

權杖 8
EIGHT of WANDS

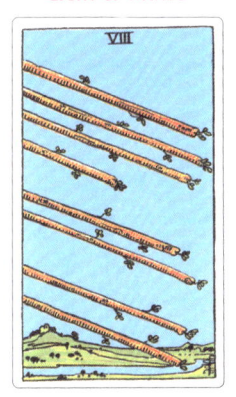

這張圖上畫著8根權杖好似箭矢般射過天際，朝著同一個方向筆直飛去的景象。這張牌暗示會出現急遽變化的徵兆，表示事情會以令人瞠目結舌的速度迅速發展。

愛情小語

正位
機會就快來了！跟上飛快的局勢變化吧！

可能會發生像是突如其來的邂逅、快如閃電的發展這種充滿戲劇性的事件。與對方的關係會逐漸顯露生機。不要放過機會，跟上這股趨勢吧！

逆位
先不要硬來，靜觀其變，一定會出現一絲曙光

原本正在進行的事情可能會頓時停擺，或是發生的變化與期待背道而馳。你可能暫時感到非常混亂，但現在就先耐心等待機會到來吧！

愛情關鍵字

相遇	單戀	交往	結婚
新的快速發展、一見鍾情	收到更多邀約、反應很好、被人告白	志趣相投、興趣合拍、一帆風順	最佳時機

Minor Arcana

權杖 9
NINE OF WANDS

頭上包著繃帶的男子站在圍欄裡，抱著權杖小心翼翼地觀察周遭。從他的這副模樣可以感受到即使負傷也想要繼續奮戰的強大意志。這張牌代表保持戒心或做好因應危機的準備。

愛情小語

正位
不用急著追求結果，先讓自己放心吧！

就好的和不好的意義上來說，現在都很容易產生緊張感。縱使沒有做出成果也不用在意，先為了主宰這段戀情做好準備吧！別把自己繃得太緊。

逆位
搞清楚自己需要什麼。剩下的就只有伺機而動

可能會在時間上無法配合或遇到障礙，導致你們難有進展。又或者因為準備不足而導致失敗，或沒能把原本做好的準備完全發揮就錯失了良機。

愛情關鍵字

相遇	單戀	交往	結婚
談戀愛重在時機	很有緊張感、持久戰	疑神疑鬼、束縛、慢慢前進	對方比較謹慎、保守為上策

權杖 10
TEN OF WANDS

男子獨自扛起一綑多達10根的權杖，低頭前進的背影傳達出他有多麼拼命。這張牌表示憑藉自己的個人意志背負重擔，而且絕不會半途而廢，克盡職守直到最後一刻的態度。

愛情小語

正位
你是否努力過頭了呢？找個人商量看看吧！

現在是為了對方努力忍耐或付出的時候。儘管如此，還是會想靠愛情的力量克服一切吧？假如這對你來說是重擔的話，不妨向他人尋求協助吧！

逆位
現在可以放輕鬆點，心情也會跟著變好喔！

這時候的你會很想放下一直背在身上的沉重包袱。如果談戀愛談到只剩下痛苦而已的話，說不定放棄也是一種方法。卸下包袱，讓自己解脫吧！

愛情關鍵字

相遇	單戀	交往	結婚
覺得自己配不上對方	重重阻礙、忙碌的人	過度認真、付出太多	支持、無須逞強的自然狀態

權杖侍從
PAGE of WANDS

圖中有一名少年正定睛凝視著一根比自己還高的權杖。侍從扮演著傳遞訊息的使者。這張〈權杖侍從〉的純粹火能量獨樹一格，象徵著熱情或是對未來的希望。

愛情小語

正位
這場戀愛令人心跳加速！不要害羞，勇於示愛吧！

有預感會談一場令人小鹿亂撞的戀愛。不論是你來我往的試探還是聊天、聯繫都非常熱絡。你將能夠重拾青澀的心，別不好意思，享受新鮮的戀愛吧！

逆位
優柔寡斷時，就退一步做出成熟的應對吧

此時你的不成熟很容易變得特別突出。天真率直的舉動可能會在對方心裡留下幼稚的印象。請在檢討自己的同時，有意識地做出成熟的應對吧！

愛情關鍵字

相遇	單戀	交往	結婚
新鮮的感覺、純真無邪的對象	欲擒故縱、坦率的心情	頻繁聯絡、信賴、愉快交談	下定決心要得到幸福

權杖騎士
KNIGHT of WANDS

手執權杖的年輕騎士正勇敢無畏地策馬奔馳，動感十足的身影充滿了準備向新的冒險發起挑戰的意志。這張牌描繪了一個人抱持熱忱和自信，跟隨內心衝動展開行動的模樣。

愛情小語

正位
偶爾要不要大膽一點，順從本能去做做看呢？

戀愛會出現飛快的進展，也可能很順利地就開始交往了。現在的你很容易跟充滿活力、熱情奔放的人產生緣分。不要猶豫，把自己交給他吧！

逆位
似乎無法隱藏的心意。先加深彼此的信賴吧！

不顧後果的行動很有可能會造成問題。就算是在這份心意快要滿溢而出的時候，也要在行動之前先動腦想想。也許再多花一點時間會比較好。

愛情關鍵字

相遇	單戀	交往	結婚
進展飛快的戀情	快速發展、信心十足的人、大膽追求	熱情、甜甜蜜蜜、由對方主導	很快就走到結婚

Minor Arcana

權杖皇后
QUEEN of WANDS

皇后手裡握著權杖和向日葵，從她豪邁地打開雙腳跨坐在寶座上的模樣，可以感受到奔放無羈以及她明豔動人的魅力。〈權杖皇后〉擁有光明的能量，代表強韌意志與大膽無畏。

愛情小語

正位
魅力即將盛大綻放！
那個人也會成為你的俘虜

你光彩奪目的魅力正在閃閃發光，應該可以帶著信心勇敢出擊。這時候的你即將成為眾所矚目的焦點，所以應該也算得上是進入桃花期了吧！

逆位
謙虛會將你的美
打磨得更加璀璨

你可能因為恣意妄為的言行舉止受到關注，於好於壞都會是眾人的矚目焦點，所以記得要隨時保持謙虛的態度，也要小心過度多管閒事或占有慾。

愛情關鍵字

相遇	單戀	交往	結婚
光彩奪目、大膽、桃花期	舌粲蓮花、溫柔、有好感	性感、魅力、母愛	互相滿足的愛、被祝福的關係

權杖國王
KING of WANDS

定睛凝視遠方的國王手握權杖。從他那威風凜凜的氣場，可以看出他對自己的力量有絕對的自信，也對充滿變數的未來懷抱希望。這張牌代表用不完的熱情、挑戰的心和領袖風範。

愛情小語

正位
迄今為止的所有經驗
都顯露在你的美貌上

你可以帶著過去培養起來的經驗自信地面對愛情，還很容易跟會用力拉著自己前進的對象結下緣分。應該能享受一段充滿熱情卻又無比真摯的戀愛。

逆位
比起微不足道的尊嚴，
不如回想起那個驕傲的你

你想把對方占為己有的念頭可能變得愈來愈強烈，或者是會下意識做出有強烈攻擊性的言行舉止。丟掉那無聊透頂的尊嚴，放寬眼界吧！

愛情關鍵字

相遇	單戀	交往	結婚
強大的人、領袖風範	霸氣十足的人、告白的時機	性魅力、可靠的人	強行決定的婚事

聖杯 A
ACE of CUPS

水從置於手掌心上的聖杯傾瀉而下,源源不絕地灌入有睡蓮盛開的池塘。白鴿是和平與幸福的象徵。這張牌代表親愛或友愛,表示內心處在充實無虞、十分滿足的狀態。

愛情小語

正位
為了獲得幸福才誕生,用雙手收下滿滿的愛吧!

感覺會發生令人怦然心動的邂逅。現在是展開新戀情、培養更深的情感,或是能深刻體會被愛情包圍的時刻。盡情享受這份幸福吧!

逆位
在為對方傾注愛意之前,先用愛填滿自己的心

逆位〈聖杯A〉暗示誤會、單戀或無法滿足內心的戀愛,也可能是無法實現願望,心裡產生動搖。在愛上別人之前,請先發自內心地愛惜自己。

愛情關鍵字

相遇	單戀	交往	結婚
命運的相逢、新的邂逅	一見鍾情、約會次數增加	靈魂伴侶、對方為你傾注愛情	共度一生、令人措手不及的求婚

聖杯 2
TWO of CUPS

一對手執聖杯的男女正在面對面交換心意。長著翅膀的獅子和交纏在一起的蛇象徵精神性以及隨著兩人的交流高漲的能量。〈聖杯2〉這張牌代表心靈相通的信賴關係。

愛情小語

正位
一定有屬於你的真命天子,就快出現了……!

此時的你會開啟一段新的關係或遇到快速拉近距離的機會,應該能切身體會兩個人因為情投意合而心意相通的情況。說不定還會遇見自己的真命天子。

逆位
耐心等待時機到來,表達你真實的心意吧!

你們之間有可能因為一個誤會而出現分歧,整個人變得疑神疑鬼,因此陷入惡性循環。切記不要先入為主,誠實地與對方交流對話吧!

愛情關鍵字

相遇	單戀	交往	結婚
進展順利、預感將會用情至深	情投意合、復合、理想的人	深刻的情感連結、無可取代的對象	發誓這份愛至死不渝、懷孕

聖杯 3
THREE of CUPS

3名少女正高舉著聖杯歡快起舞。她們四周結滿了新鮮可口的果實，可見這是正在慶祝豐收的場景。〈聖杯3〉這張牌代表與同伴分享喜悅、同心協力或產生共鳴。

― 愛情小語 ―

正位
有預感會從與旁人的交集誕生備受祝福的愛！
你們會從朋友發展成一對愛侶，或者是遇到親切友好的對象。而且第三方的存在會成為你們更進一步的關鍵，譬如獲得旁人的協助或參加多人聯誼。

逆位
你所追求的事物存在於此處以外的某個地方
現在的你會對現狀妥協，沉浸在沒有發展性的戀愛或當朋友的關係。雖然這可以帶來一時的快樂，卻不會使你有所成長。拿出脫離現狀的勇氣吧！

― 愛情關鍵字 ―

相遇	單戀	交往	結婚
超越友誼、公司內部、朋友的幫助	志趣相投、親切友善	多對情侶一起約會、敞開心扉	樂觀向前

聖杯 4
FOUR of CUPS

男人對著3個聖杯，一臉無趣地坐在地上。從雲朵裡伸出來的手遞出了另一個聖杯，但他卻連看都不看。這張牌表示對現狀感到厭煩，有愈來愈多不滿，對任何事都提不起勁的狀態。

― 愛情小語 ―

正位
要不要試試看新的挑戰？說不定會找到愛情喔！
你們可能會進入倦怠期。心裡充斥著對對方的不滿，覺得好像缺少了什麼。建議可以多關注事情好的一面，或是兩個人一起開始嘗試新事物。

逆位
只要不忘感謝身邊的人，就會有巨大的愛造訪
此時你心中的遲疑會煙消雲散，湧出想要改變現狀的想法。只要將對周遭的感謝銘記於心，並且試著踏出一步，說不定就會有新的戀愛機會從天而降。

― 愛情關鍵字 ―

相遇	單戀	交往	結婚
猶豫、對現狀不滿	看心情做事、沒有那麼喜歡的人	索然無味的感覺、缺乏刺激的交往	提不起勁

聖杯 5
FIVE of CUPS

穿著黑色披風的男子面對東倒西歪的聖杯，失望地垂下肩膀，似乎沒注意到自己背後還有2個聖杯留在原地。〈聖杯5〉象徵失去，但同時也代表還留有一線希望。

愛情小語

正位
你一定沒有失去一切，把目光轉向希望吧！

你可能會和戀人分手，或是覺得對方與期待不符。儘管因後悔或失落感飽受折磨，但一定還留有一線希望。有沒有發現這點正是影響命運的分水嶺？

逆位
換個心情，走全新的路，跨越高牆的你無比美麗

你會把殘存的希望或失去後才學到的教訓刻劃於心，朝著嶄新的道路邁開步伐。一定能將失去的經驗化為養分，打開一條比從前更幸福的戀愛之路。

愛情關鍵字

相遇	單戀	交往	結婚
悲觀、消極	後悔、不如預期、單相思	壓力、阻撓、遇到障礙	不適合結婚的時間點

聖杯 6
SIX of CUPS

男孩把裝著花的聖杯遞給小女孩。在這幅令人莞爾的景象當中，可以感受到某種懷舊的氛圍。〈聖杯6〉這張牌代表純真、童心或者跟過去有關的人事物。

愛情小語

正位
你天真無邪的模樣充滿魅力，恣意地表現自己吧！

你會產生純粹的愛意，應該很容易與兒時玩伴、昔日好友這些過去的緣分產生交集，或甚至和舊情人重新復合。單純不做作的態度會吸引對方的心。

逆位
舊傷正要開始癒合，關注當下吧！

這時的你很容易陷在過去的戀愛裡走不出去，而且還很容易依賴對方。不要沉浸在感傷之中，尋找新的邂逅或其他樂趣，讓負面的情緒告一段落。

愛情關鍵字

相遇	單戀	交往	結婚
莫名懷念、純樸的人	想起初戀、青澀懵懂、破鏡重圓	酸酸甜甜的戀愛、有如家人的情感	愛情順利成長茁壯

Minor Arcana

聖杯 7
SEVEN of CUPS

男人面對裝滿各種寶物的聖杯，露出一副深深著迷、無法自拔的模樣。然而這些聖杯全都被放在雲端之上。這真的是現實嗎？〈聖杯7〉這張牌代表做夢、妄想或逃避現實。

愛情小語

正位
浪漫又甜蜜的愛情美夢，在夢醒之前好好享受吧！
此時你會愛上高不可攀的對象或懷抱崇高理想。即使實際上毫無進展，你應該還是能享受做白日夢的樂趣。只不過，別把自己的理想強加在對方身上。

逆位
從愛情幻想中醒過來，在現實世界前進吧！
現在是面對現實、展開行動的時候。你應該會停止胡思亂想，或者是戳破對對方的幻想泡泡。趁著這個機會，踏上該走的道路大步前進吧！

愛情關鍵字

相遇	單戀	交往	結婚
愛上戀愛的感覺	愛情遊戲、熟知男女情事、崇高理想	將理想強加於人、理想與現實的落差	無法實現

聖杯 8
EIGHT of CUPS

男子背對著疊在一起的聖杯準備離開。儘管前方是險峻的高山，他還是決心要踏上新的旅程。〈聖杯8〉表示為現狀畫下句點，暫時告一段落，並且準備往下一個目標前進。

愛情小語

正位
愛是崇高的！化經驗為養分，重新出發
這時比較容易做出分道揚鑣的決心，也有可能會移情別戀，又或是斬斷舊情。這並不是悲傷的事，就想成是因為有所成長，才需要改變方向吧！

逆位
只要有樂觀的心，情況就會逐漸好轉。
現在的你很容易思念起已經放棄的事物，可能會對分手的前任念念不忘，或在對方身上重新感受到魅力。看來應該有再重新挑戰一次的價值。

愛情關鍵字

相遇	單戀	交往	結婚
下一步	變心、興致缺缺	保持距離、正向看待分手的決定	不太對勁的婚姻

聖杯 9
NINE OF CUPS

坐著的男子身後有無數個聖杯。從他臉上那心滿意足的表情，能夠看出他在身體和心靈上都獲得了滿滿的充實感。〈聖杯9〉這張牌代表願望成真或是將欲求之物收入囊中。

愛情小語

正位
你的願望正要實現，魔法師會助你一臂之力！

你應該會覺得非常滿足。單戀會開花結果，而且還有機會遇到符合理想或生活條件富裕的對象。從容不迫的態度會讓你看起來更有魅力。

逆位
你很得天獨厚了，愛惜已經擁有的事物吧！

明明你已經擁有了這麼多，卻總是在奢求那些自己沒有的。傲慢自大的態度也會讓對方離你遠去。正視自己此刻擁有的幸福，好好珍惜吧！

愛情關鍵字

相遇	單戀	交往	結婚
理想的人、將會實現的戀情	魅力、兩情相悅、認真的追求	夙願以償、同居、想讓對方幸福	理想的婚姻

聖杯 10
TEN OF CUPS

在高掛藍天的彩虹與絢麗奪目的聖杯之下，有一個幸福美滿的家庭。夫妻倆感情和睦，孩子們歡樂嬉戲。〈聖杯10〉代表平穩的幸福會一直持續下去，或是與家人、同伴的情感連結。

愛情小語

正位
你會找到自己的歸宿，享受將你包圍的好運吧！

你現在可以發自內心感受到戀愛的幸福，對兩人的關係產生安全感，甚至還可能會步入禮堂。你應該能找到讓你想待在對方身邊的終生歸宿。

逆位
覺得無聊的話，就數數身邊的幸福吧！

你們可能會進入倦怠期，逐漸失去對對方的新鮮感或感恩的心，覺得一起相處的時間百無聊賴。不過，千萬別忘了這份幸福是無可取代的。

愛情關鍵字

相遇	單戀	交往	結婚
有滿滿幸福感的戀愛	價值觀一致、經濟寬裕	以結婚為前提交往、福星	求婚倒數計時

Minor Arcana

聖杯侍從 PAGE of CUPS

一隻魚從少年手中的聖杯探出頭來,一人一魚彷彿在四目相對。少年身後的大海象徵他的溫和性情與豐富想像力。〈聖杯侍從〉代表接納事物的彈性以及感受性。

愛情小語

正位
新鮮的戀情正在靠近,享受被呵護的喜悅吧!
你有預感自己即將邂逅羅曼蒂克的戀愛。容易與待人和藹可親的對象結下良緣。記得保持沉穩療癒的態度,這樣你才會在對方的眼中充滿魅力。

逆位
精神上的獨立自主會讓你遇見合適的人
你很容易萌生出想要依賴或撒嬌的念頭,還可能跟這樣的人產生緣分。為了談一場有發展性的戀愛,你要保持嚴以律己的心。

愛情關鍵字

相遇	單戀	交往	結婚
新鮮的戀愛、親切的人	淡淡的好感、容貌姣好	羅曼蒂克、難以預料的戀情	耐心準備

聖杯騎士 KNIGHT of CUPS

騎在馬背上的騎士手握聖杯,在河畔漫步前進。他的表情冷靜沉著,給人與世無爭的感覺。〈聖杯騎士〉象徵溫柔或理想,表示事情的發展或人物非常浪漫。

愛情小語

正位
感覺會有戲劇化的發展,你就大方接受吧!
戀情有望出現理想的進展,應該會有人對你展開大膽追求,或是與廣受歡迎的對象締結良緣。遇到開心的事情就大方表現出開心的樣子,不用遲疑。

逆位
優柔寡斷是大忌,堅持說不的果斷是有必要的
現在的你很容易感情用事,可能會受到當下的氣氛影響,莫名其妙答應對方,或者用不誠實的態度來處理事情。認真想過之後再給出你的答案吧!

愛情關鍵字

相遇	單戀	交往	結婚
戲劇化的發展	告白、白馬王子、宛如電影的戀愛	羨煞眾人的關係、你儂我儂	像做夢一樣的求婚場景

聖杯皇后
QUEEN of CUPS

皇后坐在水岸邊的椅子上,眼睛緊盯著一個精緻奢華的聖杯。側臉看起來好似在試圖看透事物的本質。〈聖杯皇后〉這張牌代表犧牲奉獻的愛情或愛好和平、靜如止水的心。

愛情小語

正位
你的慈悲心會治癒對方的心

用彷彿要將對方整個人擁入懷裡的方式去愛,會讓關係更容易有所進展。這時要注重精神上的連結。從你心中湧出的愛意會為對方的內心帶來平靜。

逆位
情感豐沛、用情至深的你啊,也別忘了要保持冷靜

可能會出現情緒不穩定或過度依賴的情況,又或者是投入太多的愛,導致自己的好心被當成雞婆。偶爾克制住情緒,在一旁默默守候也很重要。

愛情關鍵字

相遇	單戀	交往	結婚
信賴、充滿祥和的戀情	女性魅力、滿腦子都是戀愛	深深愛著對方、無條件的愛	符合期待的發展

聖杯國王
KING of CUPS

國王背對一片汪洋,手握聖杯坐在王座上。他擁有堪比大海的廣闊心胸,是個性情敦厚、心地善良的人。〈聖杯國王〉代表寬容、安心感或者是充滿關懷的人或行動。

愛情小語

正位
你最自然的真實樣貌也會神奇地療癒對方

給予對方支持會使你們的愛情更加深刻。現在也很容易跟性格穩重、展現出強烈父性的人結緣。輕鬆自在的態度會對戀愛帶來好的影響。

逆位
只要有體貼的溫柔的心,隨時都能改善兩人的關係

你會產生非常以自我為中心的情緒,隨隨便便就利用他人、被欲望沖昏頭,而且還有八面玲瓏、每個人都想討好的傾向。請不要忘了體諒對方。

愛情關鍵字

相遇	單戀	交往	結婚
心靈支柱、傾聽煩惱	敦厚和善、年長成熟的人	有包容力、同居、以結婚為前提	被愛情包圍的幸福婚姻

寶劍 A
ACE of SWORDS

寶劍頂端掛著代表勝利的皇冠,背後的群山則象徵路途險峻。〈寶劍A〉這張牌表示不畏挑戰的心、擊敗困難的精神力,或是靠自己的力量開闢道路的行動力。

愛情小語

正位
你會抓住理想的戀愛,盡情感受幸福吧!

想要靠近對方、不想輸給情敵的心情變得愈來愈強烈。積極的行動會幫助你抓住好運。現在也是將曖昧不明的關係或情況一刀兩斷的時機。

逆位
總是聰明理智的你啊,情緒激動時,要記得深呼吸

你現在情感大於理智,一不小心就會變得蠻不講理,或硬要照自己的想法去做。甚至還可能做出不顧對方感受的行為。要小心這樣恐怕會引發衝突。

愛情關鍵字

相遇	單戀	交往	結婚
優雅從容的戀愛	想要靠近、難以猜透心思	打敗情敵、積極的態度	冷靜判斷、穩重行事

寶劍 2
TWO of SWORDS

女子背對夜晚的大海,將兩把寶劍交叉握在胸前。她之所以要蒙住眼睛,難道是有什麼不想面對的事嗎?〈寶劍2〉這張牌代表維持表面上的和諧或保持平衡。

愛情小語

正位
現在比起急著做決定,更應該先了解自己的真心

你對關係變化感到恐懼,因而把情意藏在心底。即使是交往中的情侶也不敢說實話,試圖讓關係維持原狀。請在保持平衡的同時正視自己的內心。

逆位
你該面對的是自己的心,不要害怕去正視它

本來維持的平衡會開始崩塌,必須面對現實的時刻即將來臨。要是隨便敷衍或拖延處理的話,後果可是會不堪設想。正視問題的本質並解決它吧!

愛情關鍵字

相遇	單戀	交往	結婚
必須做出抉擇的事	內心糾葛、喪失自信、隱瞞心意	維持現狀、繼續交往	不要勉強推進

寶劍 3
THREE of SWORDS

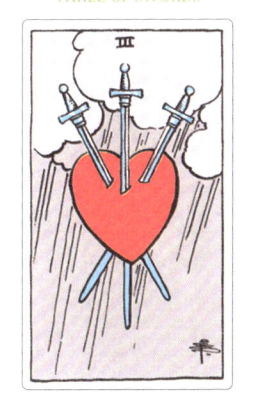

象徵人心的心形圖案上面插著3把鋒利的寶劍，滂沱的大雨看起來像流個不停的眼淚。〈寶劍3〉這張牌表示因為令人受傷的事情或打擊人心的話語而感到心痛。

愛情小語

正位
治癒傷透的心吧！只要跨越難關就會得到祝福

會發生失戀、分手或吵架這些跟戀愛有關的衝突。巨大的打擊或許會讓你有胸口要被撕裂的感覺，但只要過了這一關，幸福一定就在前方了。

逆位
斬斷桎梏內心的鎖鏈也很重要，溫暖涼透的心吧！

你放不下心中的痛，遲遲沒辦法振作起來。也可能是無法理解情況，導致大腦一直處在混亂的狀態。先接納這份痛楚，整理好自己的心情吧！

愛情關鍵字

相遇	單戀	交往	結婚
不協調、態度消極	自卑感、失戀、強烈嫉妒	大受打擊的事、激烈爭執、分手	暫不做決定

寶劍 4
FOUR of SWORDS

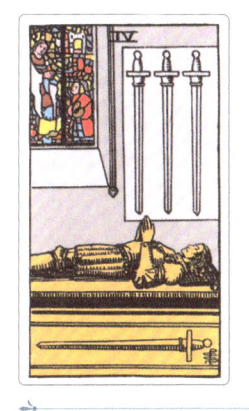

在靜僻的墓地裡躺著一尊騎士雕像。沒有被拿起來使用的寶劍，象徵在開戰之前的片刻休息。這張牌代表脫離一觸即發的緊張狀態，安靜地休養生息、養精蓄銳。

愛情小語

正位
現在要珍惜獨處的時間，一定會出現機會的

現在可以一個人獨處來提振精神。刻意與對方保持距離應該會對情況帶來正面的影響。用盡方法拼命想尋求邂逅的人，現在也先試著停下腳步吧！

逆位
機會來了！積極去做吧！

你現在已經充飽電，可以開始動起來了。面對戀愛應該也會有滿滿的幹勁。若有什麼擱著沒處理的問題，就趁現在好好面對。一定會順利解決的！

愛情關鍵字

相遇	單戀	交往	結婚
暫時喘口氣	停滯、休息	充電期、讓對方靜一靜	難有進展的時候

PART 1 學習78張牌的牌義

寶劍 5
FIVE OF SWORDS

在竊笑的男人視線前方，是那些因為輸了決鬥而灰心喪志的人。看來他似乎是用強硬的手段取得勝利，贏走了輸家的寶劍。〈寶劍5〉象徵不擇手段的強硬態度或陰險狡詐的伎倆。

愛情小語

正位
只要不做虧心事，愛情女神就會對你微笑

你強烈渴望擁有對方，傾向用騙的或耍心機的方式來達成目的。即使靠強硬的手段成功和對方在一起了，最後還是會因此樹敵或傷害到某個人。

逆位
覺得不對勁時要相信直覺，保護好自己的心吧！

你或許會因為背叛、謊言或遭人利用等情況受到傷害。就連戀人都有可能被別人橫刀奪愛。不要別人怎麼說你就怎麼信，提高警覺，不要大意。

愛情關鍵字

相遇	單戀	交往	結婚
有策略的邀請、口角或爭執	神經質、愛上別人的另一半、耍心機	自我中心的人、湧現占有慾	處不來

寶劍 6
SIX OF SWORDS

在一艘有船夫撐槳的小船上，坐著一對被寶劍團團包圍的母子。前方是一片風平浪靜，小船應該能順利地向前航行吧！〈寶劍6〉代表轉換方向、環境的變化或出現幫手。

愛情小語

正位
一定有其他人事物是適合你的

你會擺脫痛苦的情況或內心的迷惘，朝著充滿光明的方向前進，說不定會在前方發生新的邂逅。另外也有放棄目前對象，往前走去尋找下一個的意思。

逆位
若你真心期盼改變的話，那就做好覺悟吧！

你可能會因為脫離不了痛苦的情況而一籌莫展，也代表關係會變得像爛泥巴一樣亂七八糟。如果真的有心想要改變，就算難過也要狠下心來採取行動。

愛情關鍵字

相遇	單戀	交往	結婚
轉換期	不再迷惘、更進一步的徵兆	合作關係、兩人一起旅行	在人生的旅途中攜手前進

寶劍 7
SEVEN OF SWORDS

男人一邊注意周圍的情況，一邊躡手躡腳地搬運寶劍。這些是他從後面的建築物裡悄悄偷出來的嗎？〈寶劍7〉代表以不道德的手段獲取利益或上不了檯面的行為。

― 愛情小語 ―

正位
行得正、坐得直，就會獲得灑落的陽光及滿滿的愛

這時的你會利用謊言或心機來巧妙地維持關係，亦指腳踏兩條船或表裡不一的雙面人。請避免做出不想被對方知道的那種不誠實的行為。

逆位
不要輸給誘惑，毅然決然的你是最美的

此刻的你能夠選出符合道德倫理的正確道路。有很強的防備心，還可以馬上發現周圍的惡意或陰謀。抬頭挺胸，做出自己認為對的選擇吧！

― 愛情關鍵字 ―

相遇	單戀	交往	結婚
異樣的感覺、可疑的人	欲擒故縱、誘惑、三角戀	隱瞞、劈腿、婚內出軌	需要確認這是不是真愛

寶劍 8
EIGHT OF SWORDS

一名女子被蒙住雙眼、綁住身體。乍看似乎動彈不得，不過她的雙腳其實可以自由行動。〈寶劍8〉代表被迫忍耐的情況，也指可以根據自己採取的行動從中解脫。

― 愛情小語 ―

正位
情況因決定有所好轉！你有能力看見想看的世界

你可能無法說出自己的想法，只好總是言聽計從，或者是因為對方的束縛而備感煎熬。縱使如此，只要下定決心採取行動，一定可以改變情況。

逆位
解放自己吧！快想起你最重要的核心價值

現在的你可以擺脫束縛，從某種根深柢固的觀念中抽離開來。說不定能夠察覺真相並找出答案。你應該可以開始按照自己的意志行動了。

― 愛情關鍵字 ―

相遇	單戀	交往	結婚
心裡的不安或糾葛、動彈不得	逃避、過度配合	束縛、疏於聯絡、被害者心態	膠著狀態

寶劍 9
NINE of SWORDS

在一片漆黑之中，床上的女子彷彿像是在發出悲嘆一般地摀住臉龐。或許她是擔心得徹夜未眠，也可能是被惡夢夜半驚醒。〈寶劍9〉代表因苦悶、絕望或後悔飽受摧殘的狀態。

愛情小語

正位
大可放任自己消沉，明亮的光必會照進你的窗

你應該正苦於某種無法挽回的情況，也許是對自己的言行悔不當初，或是超越必要性地自我譴責。即便如此，光輝燦爛的早晨依舊會如期而至。

逆位
不要逃避！就快出現解決問題的眉目了

你現在可以透過從客觀的角度面對問題來找到解決的頭緒。應該能成功擺脫困住自己的不安情緒或被害妄想。充滿光明希望的徵兆已經出現了。

愛情關鍵字

相遇	單戀	交往	結婚
負面消極、從一開始就放棄	內心受傷、後悔、失敗、絕望	看不到未來、悲觀、不安	不要心急，樂觀以對

寶劍 10
TEN of SWORDS

有一個人橫倒在地，背上插著多達10把寶劍。儘管這樣的景象令人絕望，看向天空，太陽正準備緩緩升起。這張牌表示即便得不到自己期望的結果，痛苦的情況也會畫下句點。

愛情小語

正位
面對並克服內心的傷痛，祝福就會再次降臨

感覺你的戀愛會迎接失戀或分手之類的結局。想要放棄的心情變得非常強烈。接納傷痛，整理情緒，應該就可以從跌到谷底的情況重新爬起。

逆位
情況開始出現一絲曙光，要做的只有振作起來！

苦苦折磨著你的情況已經開始改變了。這時會出現一道曙光，使你能夠忘卻悲傷。只要為現況畫下句點並重新振作，事情就會開始出現新的走向。

愛情關鍵字

相遇	單戀	交往	結婚
告一段落、危機中的一線希望	悲劇女主角、感到不捨	出現隔閡、接納痛楚	前途多舛

寶劍侍從 PAGE of SWORDS

少年用雙手握住寶劍，左顧右盼地環顧四周。他是否正打起十二萬分的精神戒備周遭，試圖找出什麼呢？〈寶劍侍從〉這張牌代表小心翼翼評估情況的樣子或分析能力。

愛情小語

正位
承認自身脆弱的那一刻，繃緊的神經就會頓時鬆開

這時候的你會頻繁與對方溝通，可以透過聊天或在社群軟體上的互動來享受欲擒故縱的樂趣。但因為你也有很重的戒心，可能會變得比較工於心計。

逆位
請你好好珍惜單純愛一個人的心情

你可能會因為一個掉以輕心而沒能得到自己原本期待的結果。像是不小心說錯了話，或是沒辦法按照計畫行事。小心不要說話不經大腦。

愛情關鍵字

相遇	單戀	交往	結婚
有策略的、暫時觀望、相談甚歡	不想受傷、欲擒故縱、戒備	慢慢變得親密、恰到好處的距離	按部就班進行

寶劍騎士 KNIGHT of SWORDS

騎士揚起寶劍，驅策白馬如風馳電掣般高速狂奔。他是勇敢無畏、具備判斷力且好勇鬥狠的人。〈寶劍騎士〉代表無論目標再困難都會勇於追求的奮勇精神或有計畫的行動。

愛情小語

正位
現在鼓起勇氣前進！不要猶豫，抓住理想吧！

現在的你很想積極進攻。戀情會以迅雷不及掩耳的速度快速發展，也有可能跟充滿企圖心又願意帶領自己的人結下緣分。別讓這個勢頭就此中斷。

逆位
為了使願望成真，耐心準備也是很重要的

你的行動力沒有帶來任何成果，恐怕還會造成問題。可能會擺出強硬的態度，對對方的心情視而不見。感到焦急時，更是要踩著穩健的步伐前進。

愛情關鍵字

相遇	單戀	交往	結婚
很配合的人、志趣相投	奪得先機、積極示愛	一帆風順、帶領前進	閃婚

PART 1 學習78張牌的牌義

Minor Arcana

寶劍皇后 QUEEN of SWORDS

皇后將寶劍垂直豎起，神情肅穆地坐在寶座上。她具備不會感情用事的高潔與冷靜。〈寶劍皇后〉這張牌象徵敏銳的觀察力、洞察情況的知性以及精準無誤的判斷。

愛情小語

正位
思慮周全又聰慧過人的你，透過對話來增進感情

這時你們可以用對話加深對彼此的理解。充滿知性的印象會讓對方的心為你深深著迷。雖然少了點熱鬧的氣氛，但應該可以談場冷靜沉著的成熟戀愛。

逆位
情緒激動時，就和內心的另一個自己說說話

你現在有很強烈的負面情緒，會不禁以批判性的態度看待事情。可能會過分地迷戀對方，或是讓對方覺得你總是高高在上。別忘了保持客觀性。

愛情關鍵字

相遇	單戀	交往	結婚
能夠產生共鳴、充滿知性的對話	獨立的大人、死板的人、緊張感	看不透真心、平順的戀愛	以結婚為前提穩步前進

寶劍國王 KING of SWORDS

國王面對前方坐在寶座上，正在為了某件事仔細忖量。從那不苟言笑的表情可以窺見他的嚴厲和能按照邏輯做出判斷的知性。〈寶劍國王〉象徵明智的判斷力或強烈的正義感。

愛情小語

正位
不要當戀愛裡的膽小鬼，常保笑容就會一切順利

這時候的你很容易和充滿知性的對象結緣，也許會談一場能夠互相尊重的成熟戀愛。因為你們可以建立對等的關係，所以應該也有機會共赴將來。

逆位
捨棄完美主義吧！也要試著尊重對方的步調

你說不定會用充滿壓迫感的態度對待對方，因而導致關係破裂瓦解。另外也暗示會被自我中心的另一半耍得團團轉。提醒自己要保持寬容的態度。

愛情關鍵字

相遇	單戀	交往	結婚
成熟大人的戀愛	成熟的男性、尊敬、崇拜	使彼此成長的戀愛、由對方主導	理想的婚姻、同心協力

錢幣 A
ACE OF PENTACLES

一枚巨大的錢幣被放在神明的手掌心。下方一展而開的美麗庭園是豐饒的象徵，從拱門另一邊探出頭來的山巒表示通往那裡的道路。這張牌代表財產等物質上的富足、安定及繁榮。

愛情小語

正位
重視溝通，踏實地孕育愛情吧！

滿載幸福感的戀情正要萌芽。或許是心意會開花結果，又或是能感受到這段關係的發展性，戀愛的喜悅會將你團團包圍。現在是建立信任的好時機。

逆位
快注意到眼前的幸福吧！請秉持不帶偏見的觀點

你好像變得很貪心，也許會無法滿足於現在擁有的幸福，過分地貪求更多。過去建立起來的關係也有可能會出現裂痕，小心別把最重要的東西弄丟了。

愛情關鍵字

相遇	單戀	交往	結婚
愛情萌芽、新的戀情	覺得反應不錯、充滿可能性的戀愛	信賴關係、以結婚為前提	經濟上的安定、幸福的婚姻

錢幣 2
TWO OF PENTACLES

男人一邊跳舞，一邊用華麗的手法操縱2枚錢幣。平衡感絕佳的他是雜耍藝人。〈錢幣2〉代表遇到事情可以隨機應變的靈活性，或是很會想方設法又精明能幹的人。

愛情小語

正位
戀愛以外的事情也要盡情享受。Enjoy人生吧！

你應該能談一場輕鬆愉快的戀愛。因為有很棒的平衡感，在興趣或工作方面也可以全心投入，還很容易跟讓自己開懷大笑的人締結良緣。

逆位
誠意十足的回應會建立信賴

敷衍了事的心意或態度會造成失和。可能無法對別人說的話做出適當的回應，或是導致現場的氣氛降到冰點。切記無論任何事情都要用心以待。

愛情關鍵字

相遇	單戀	交往	結婚
配合度高、態度友善	服務精神、經常見面	相當平衡、有趣的約會	與其思考未來，不如享受當下

Minor Arcana

錢幣 3
THREE of PENTACLES

圖中畫著一名工匠的技術獲得周圍的認可，準備將別人交付的工作做到最好的模樣。〈錢幣3〉表示努力培養出來的技術得到讚賞，抑或是憑實力贏來的機會。

愛情小語

正位
戀愛為彼此帶來成長！
努力的你正在閃閃發光

感覺會從工作上的關係展開戀情。現在比較容易跟認真負責又才華洋溢的人結緣。你努力不懈的模樣會吸引對方，又或是反過來愛上對方的這副模樣。

逆位
只要分享你的心情，
就會拉近心的距離。

經驗不足或努力不夠會導致事情進行得不太順利。你的心意也可能會沒有好好地傳達給對方，請向對方展現你有試圖表達心意的努力及誠意。

愛情關鍵字

相遇	單戀	交往	結婚
工作是契機、團隊合作	穩健發展的戀愛、辦公室戀情	以結婚為前提、真摯誠實	在金錢上互相接應

錢幣 4
FOUR of PENTACLES

男人緊緊把錢幣抱在懷裡。他雖然富可敵國，卻還是擔心會失去手中的財產，這種姿勢甚至令人感受到他的貪得無厭。這張牌代表執著、占有慾或誓死捍衛過去打下的基礎。

愛情小語

正位
擁抱手中的寶藏吧！
愈珍惜，愈會閃閃發光！

希望你珍惜此刻擁有的緣分。你非常不想將對方拱手讓人，因此可能會發展到同居或結婚的階段，或許還會跟有經濟能力或穩定基礎的人喜結良緣。

逆位
不用害怕，
交換彼此心中的感受吧！

你現在深深執著於對方，對身邊的人存有過多的嫉妒或戒備。說不定會被擔心失去對方的心情綁架。與其束縛對方，不如珍惜那顆相信對方的心。

愛情關鍵字

相遇	單戀	交往	結婚
謹慎派、追求穩定的對象	戒心、嫉妒、緊閉心扉	束縛、同居、個人條件	勤儉的人、生活水準很高

錢幣 5
FIVE OF PENTACLES

兩個打扮貧寒、衣衫襤褸的人走在暴風雪中。他們可能根本沒注意到教堂的燈光，又或者是刻意選擇不奢求他人的施捨。這張牌代表身心都被殘酷的情況逼到極限了。

愛情小語

正位
苦痛會有結束的一天，不要自暴自棄！

代表在其他地方遭遇困境，沒有餘力談情說愛，或指充滿依賴、放棄，令人備感空虛的戀情。也可能是指財務吃緊，難以約會或結婚的情況。

逆位
就是現在才要互相扶持，你們一定可以克服難關

你會找到一條路從艱難的情況中成功脫身。應該可以和對方同心協力、互助合作。只要攜手挺過危機，你們的感情一定會變得更堅不可摧。

愛情關鍵字

相遇	單戀	交往	結婚
困難	在經濟上沒有餘力談戀愛	相互依存的關係、好感逐漸變淡	在金錢上沒有餘裕

錢幣 6
SIX OF PENTACLES

慈善家正在對窮人布施。他先用天秤秤出對方需要多少錢幣，然後再公平地分配給每一個人。這張牌代表公平性、來自他人的幫助或有來有往的公平交換。

愛情小語

正位
你是獲得幸福的人，沉浸在上天賦予的喜悅中吧！

你會談一場你對我好、我也對你好的戀愛。能透過互相關懷、彼此照拂來得到滿足感。在經濟上應該也比較有餘力，還可以和對方享受共同的興趣。

逆位
不要期待有所回報，珍惜純粹的心意吧！

你希望對方報答自己的付出，卻對結果不滿。也可能會變得一廂情願，以至於過度束縛對方或滿足超越必要性的物質需求。試著客觀檢視這段關係吧！

愛情關鍵字

相遇	單戀	交往	結婚
容易親近、有共同的興趣	值得尊敬的人、公平交換	禮物、被人用心呵護的滿足感	金龜婿、適婚期

錢幣 7
SEVEN OF PENTACLES

農夫用不甚滿意的表情望著樹上結出的錢幣。與付出的努力相比，他好像對這少少的收穫感到難以釋懷。〈錢幣7〉表示理想與現實之間的落差或重新評估情況的必要性。

愛情小語

正位
你想怎麼做呢？只要捫心自問，一定會找到答案

你似乎對對方有很多小小的不滿，或是停留在一段不會繼續發展的關係裡面。只要掌握目前的情況並反省討論，就會打開你們思考將來的契機。

逆位
試著以靈活的心態調整行動吧！

你完全沒打算解決問題，只是一味地擺爛。要是因為與日俱增的不滿陷入負面思考，就有可能會形成惡性循環。你需要轉換想法來打斷不好的局勢。

愛情關鍵字

相遇	單戀	交往	結婚
關係停在朋友階段	曖昧的關係、對方反應冷淡	理想與現實的落差	更進一步、多一點對話

錢幣 8
EIGHT OF PENTACLES

工匠正埋首於鍛造錢幣的工作之中，高高疊起的錢幣是他努力的象徵。〈錢幣8〉這張牌代表為了達成目標，踏實地努力耕耘，或是用忍耐或保持專注來鍛鍊實力。

愛情小語

正位
現在正是鍛鍊自己來得到機會的時候

現在是以穩健的方式展開追求與提升自己的時機。就算遲遲沒有得到成果，你現在所做的努力也會影響將來。這時也比較容易跟硬派的人結緣。

逆位
你一定還可以繼續努力，邊溝通邊前進吧！

你很難一直保持耐心，只要一覺得沒有希望就會馬上放棄，甚至還可能移情別戀或擺出不上不下的態度。對方一定還有讓你繼續努力的價值。

愛情關鍵字

相遇	單戀	交往	結婚
緩慢進展、淡淡的情愫	誠實、硬派、默默表現自己	可靠、一往情深	奠定基礎、有建設性的溝通

錢幣 9
NINE OF PENTACLES

在綠意盎然的庭園裡，有一名富有的女子正背對著數枚錢幣站在前面。她馴養的遊隼象徵智慧和想像力。〈錢幣9〉表示憑藉自身實力取得成功或實現心願。

愛情小語

正位
你正在閃閃發光，好好把握好運吧！

現在的你有讓人難以抵擋的魅力，應該會被人追求或收到告白，體會到被愛的感覺。還會與足以令你自豪的對象締結良緣，說不定有機會釣到金龜婿。

逆位
別忘了最重要的東西。認清本質吧！

什麼都愛斤斤計較的結果可能是被對方徹底拋棄。你好像總是很在意外在條件或對方的社會地位。你真正追求的是什麼呢？重新正視自己的內心吧！

愛情關鍵字

相遇	單戀	交往	結婚
有人對你 一見鍾情	耀眼又有魅力、 異性緣很好、告白	備受寵溺、 禮物攻勢	富裕、女性主導、 令人高興的求婚

錢幣 10
TEN OF PENTACLES

圖中畫著一個家庭生活在富麗堂皇的大房子裡。過去累積起來的萬貫家財會代代相傳，交接給年輕的一代。〈錢幣10〉這張牌代表家庭、繁榮以及傳統或技術的傳承。

愛情小語

正位
將遇見能並肩同行的人，安居之所已經近在咫尺

現在的你容易跟感覺有如家人般親密的對象結緣。正在交往的情侶或許可以得到家人的認可，應該也有機會發展成同居或結婚這種變成一家人的關係。

逆位
察覺異狀時，最重要的是各退一步

跟家庭或金錢有關的問題會變成戀愛的絆腳石。感情發展變得不太對勁，可能會與邁向婚姻的道路背道而馳。重點在於兩人之間的磨合與對話。

愛情關鍵字

相遇	單戀	交往	結婚
產生親近感	像朋友般的戀愛、 超越性別的友情	以結婚為前提、同 居、家人彼此熟識	幸福的婚姻、 家庭成員增加

Minor Arcana

錢幣侍從
PAGE of PENTACLES

少年無比珍惜地將錢幣捧在掌心。從那充滿熱忱的模樣，可以看出他是性格誠實、做事勤奮的人。〈錢幣侍從〉代表腳踏實的努力所帶來的成功或真摯的態度。

愛情小語

正位
只要認真面對自己，對方也會重視你

感覺你會談一場要花時間慢慢培養感情的戀愛。或許會跟認真謹慎的人結緣。雖然可能覺得焦急難耐，但應該會孕育出既踏實又有發展性的戀愛。

逆位
時間是有限而寶貴的，請慎選該花時間的對象

你可能會把時間浪費在一段沒有任何進展的戀情上，又或是活得太我行我素，錯過談戀愛的大好機會。看來你最好反省一下自己的態度。

愛情關鍵字

相遇	單戀	交往	結婚
緩慢前進、令人心急的戀愛	有人對你有好感、感覺年輕的男性	認真交往、前途無量	踏實前進

錢幣騎士
KNIGHT of PENTACLES

捧著錢幣的騎士跨坐在黑馬的背上凝望遠方，他的樣子讓人完全感受不到絲毫的急迫或傲慢。〈錢幣騎士〉表示小心翼翼把事情做到最後的堅持不懈或責任感。

愛情小語

正位
埋藏心底的愛意正在成長茁壯，相信愛情吧！

跟害羞內向的對象有緣。雖然不會立刻有進展，但應該會穩穩地發展下去。即便是單戀也要繼續保持這份心意的熱度。你會談一段腳踏實地的戀愛。

逆位
不要停下腳步！前方有著截然不同的未來

你變得太謹慎了，可能會害情況陷入僵局。儘管對改變心存恐懼，但另一方面卻也厭倦了一成不變的現狀。說不定會因為動作太慢而來不及把握局勢。

愛情關鍵字

相遇	單戀	交往	結婚
認真一點一滴地耕耘	個性害羞的人	放眼將來、責任感	以符合現實的方式進行

錢幣 皇后
QUEEN of PENTACLES

坐在寶座上的皇后目不轉睛地盯著腿上的錢幣。背後是正值收穫時期的豐饒大地，代表她具備安定的基礎。這張牌代表接納一切事物的包容力、穩定度及踏實性。

---- 愛情小語 ----

正位
不經意展現的魅力會大放異彩，自在做自己吧！

你的溫柔體貼和愛照顧人在對方眼中獨具魅力。展現充滿母性光輝的一面應該會讓關係有更進一步的發展。賢妻良母的形象也很容易令人聯想到結婚。

逆位
你是否太縱容對方了呢？先把愛給自己吧！

你似乎向對方展現出過多的包容，感覺都快要變成他的媽媽了。逆位的〈錢幣皇后〉同時也代表符合需求的方便關係。小心不要陷入墮落的關係。

---- 愛情關鍵字 ----

相遇	單戀	交往	結婚
平穩的愛情	治癒系、母性、很會照顧人	安心感、同居、想對你撒嬌	把結婚納入考量

錢幣 國王
KING of PENTACLES

國王用一副怡然自得的態度坐在寶座上。他是腳踏實地付出、努力，最終建立起社會地位的佼佼者。〈錢幣國王〉表示透過累積起來的實際成果獲得財富或所欲之物。

---- 愛情小語 ----

正位
跨越難關的你一定會收穫巨大的愛

簡單明瞭的追求將會奏效。可能會意外和有經濟能力的對象締結良緣或談婚論嫁。說不定會跟可以互相信賴的人發生一場延續到將來的邂逅。

逆位
不要害羞！徹底釋放你的魅力吧！

身邊的人似乎對你抱有難以親近的印象。可能因為沒辦法好好地表現自己，產生了沒有把實力完全發揮出來的感覺。放輕鬆一點吧！

---- 愛情關鍵字 ----

相遇	單戀	交往	結婚
遊刃有餘、有建設性	不拐彎抹角的追求、富裕、尊敬	由對方主導、包容力、誠實	步入婚姻、祝福、相伴多年

COLUMN 2

mimineko教你！
提升解牌技巧的小撇步①

這裡將針對初學者在解牌時比較容易碰壁的地方提供解答。

◆◆◆◆◆◆◆◆

牌義背不起來！

對初學者來說，這就像是一次認識了78個人一樣，會背不起來也在所難免。遇到這種情況時，可以練習把塔羅牌比喻成自己熟悉的事物。例如「那個人很有包容力，有點像〈聖杯國王〉！」「在那個故事裡，主角獲得認可的場面跟〈錢幣3〉很像！」增加對牌的想像能讓你用自己的解釋記住他們喔！

不曉得牌所指何意！

雖然這也取決於你用什麼牌陣來占卜什麼煩惱，舉例來說，在「不久的將來」的位置翻到某一張牌時，我們既可以把它直接解釋成將來會發生的事實，或者將來的你會產生何種心境，也可以是針對未來所提供的建議。換句話說，一切都端看解牌的人如何解釋，因此你大可跟隨自己的靈感，盡情地自由發揮！

沒辦法把好幾張牌的意思串在一起！

「每張牌的關鍵字都沒有連貫，所以我解牌也解得七零八落……」這種時候，就把每張牌當成漫畫裡的一小格，發揮創造力，一格一格地編出一篇故事吧！尋找這些牌的共通點、從關鍵字聯想以增加內容的豐富性，請試著練習爬梳牌與牌之間的脈絡。習慣了以後，就能把攤開的牌看成一篇故事的起承轉合啦！

牌陣記不住啊！

剛開始不用死記所有牌陣，要開著書一張一張擺牌也沒有關係！只不過，雖然不記牌陣當然還是可以占卜，但是記起來的確會讓解牌的過程更為順暢。這樣你才能集中精神專心解牌，應該會更容易對翻開牌時接收到的靈感產生覺察。練習是記住牌陣的不二法門，讓我們一起一步一腳印地累積經驗吧♪

PART 2

占卜你的煩惱

從這裡開始終於要進入實踐的部分了。
進行占卜時,最重要的是事前準備。
除此之外,本章還會介紹7種牌陣,
請找出哪一種比較適合你的煩惱,
試著挑戰看看吧!

占卜的步驟

STEP 1　準備一副牌　參見P77

首先，就讓我們從準備塔羅牌的步驟開始著手吧！假如你已經有自己的牌了，也請先確認這副牌的使用方式，以及該做好什麼樣的心理準備來面對牌喔！

STEP 2　調整心態　參見P78

占卜前的首要之務是整理好自己的心情與占卜的場地。因為塔羅牌會跟肉眼看不見的世界產生連結，需要高度的專注力。去找出適合你自己的方法吧！

STEP 3　決定問題　參見P80

塔羅占卜的訣竅在於提問的方法。要是問得不清不楚的話，塔羅牌便不會給出明確的答案。學會要怎麼梳理問題，藉此求得更精細的占卜結果吧！

STEP 4　決定牌陣　參見P82

決定好問題之後，接著就是決定牌陣（排列塔羅牌的方式）。本章統整了7種類型的牌陣及其各自特徵。請選出適合用來解決你的問題的牌陣吧！

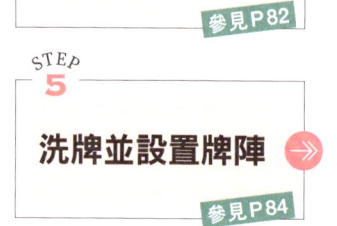

STEP 5　洗牌並設置牌陣　參見P84

在占卜之前，我們需要把所有牌混在一起，打亂順序。塔羅占卜是一種很重視「偶然性」的占卜手法。我們可以把牌打散來製造偶然性。

STEP 6　進行解牌

一面參考不同位置的牌在各個牌陣裡代表的意義，一面看著PART 1的牌義說明來解牌吧！解牌的方法沒有正確答案。請發揮你天馬行空的想像力吧♪

STEP 1
準備一副牌

　首先，準備好一副塔羅牌吧！本書使用的是比較普遍的偉特塔羅牌，在專賣店則會販售琳瑯滿目的設計款式。購買時，請你一定要試著憑直覺挑選看看。重點是挑到一副會使心情變得樂觀正向、讓你想要伸手觸摸的牌。去多看看各種不同的塔羅牌組，找到符合自己喜好的吧！而無論是什麼樣式的牌，最重要的都是認真面對每一張牌，加深與牌之間的信賴關係喔

　另外要注意一點，請盡量避免使用二手的塔羅牌。因為可能會殘留上一個持有者的能量，導致塔羅牌受到不好的影響，需要請各位多加留意。

---

mimineko 的獨家祕訣

跟塔羅牌當好朋友的方法

向牌打招呼

無論是新買的牌還是既有的牌，都跟塔羅牌打聲招呼吧！將牌展開成扇子的形狀，仔細端詳每張牌的圖案，接著靠在胸口做自我介紹。你也可以對塔羅牌表達心情，像是「謝謝你們來這裡」、「我想跟你們做好朋友」之類的都行！它們一定會感受到你的想法，為你展現值得信賴的結果喔！

把牌當成最佳拍檔

塔羅牌是重要的諮詢顧問，也可說是我們的最佳拍檔，因此做到不失禮貌的用心對待是最基本的。不能把牌攤開來就放著不管，更不能直接放在有人坐過的座墊或沙發上面。使用塔羅牌的專用桌巾不但可以防止牌被弄髒，還能把自己平常用的桌子整理成占卜空間，所以我推薦每個人都要準備一條♪

STEP 2
調整心態

占卜需要保持專注。占卜前記得要好好放鬆,調整好精神狀態。調整的方法因人而異。要怎麼做才能將自己的心情調整到最佳狀態呢?請多方嘗試方法,並採用最適合你的那種吧!

這裡會介紹一般的作法,並搭配mimineko我個人推薦的方式。此外,就算是書上沒有提到的冥想、瑜伽或深呼吸,不管要用什麼方法都沒問題。

接地法

接地法(Grounding)是想像自己的身體與地球相連,吸收大地的能量來調整身心狀態。坐在椅子上挺直腰桿,雙腳牢牢地踩在地上,想像自己連接到地球的核心吧!

水晶音叉法

音叉可以強化帶有淨化效果的水晶能量,用以調整空間裡的能量。用音叉敲擊水晶會發出美妙的聲響,對療癒心靈也很有效。在塔羅占卜以外的場合也能隨手淨化空間。

香草淨化法

香草有淨化功能,因此我們能焚燒香草來淨化空間及穩定情緒。我推薦在香草中淨化效果最強、自古以來就被用於消除汙穢的神聖植物——鼠尾草!

丁夏淨化法

丁夏(Tingsha)是一種樂器,有點像尺寸比較小的鈸。起初是藏傳佛教的高僧在誦經時所使用的神聖法器,對淨化空間有非常好的效果。瑜伽的冥想也會用到這種樂器。

mimineko 的獨家祕訣

占卜前要做的一件事

想像自己的頭上戴著皇冠

在占卜之前，先靜下心來，閉上眼睛，想像自己頭上有一頂美麗的皇冠。之所以要介紹這個方法，是因為一個人要先有能力愛自己，才能將明亮的未來吸引到自己身邊。「你是配得上這頂皇冠的美好存在。」請在面對塔羅牌時銘記這句話喔！

虔心祈禱

祈禱是我在占卜之前最看重的一件事。我會祈禱戀愛對象的幸福，為客人占卜時則祈禱對方的幸福。只要是正向肯定的話，不管要祈禱什麼都行。注意不要祈禱自己個人的願望或偏向負面的內容，因為那樣的祈禱會變成執著，反而會妨礙塔羅牌給出正確的結果。

PART 2 占卜你的煩惱

OK 例
○「希望○○可以過得幸福快樂，希望○○可以常保笑容。」
○「我要占卜這段戀情好讓我和○○能夠更了解彼此。」

NG 例
✗「請塔羅牌保佑我們一定會復合。」
✗「希望○○被女友甩掉，轉過來看向我這邊。」

STEP 3
決定問題

進行塔羅占卜時，提問的方法至關重要。為了從塔羅牌那裡得到精準到位的建議，重點在於別問「接下來會發生什麼事」這種曖昧的問題，而是換個問法，改成用「為了達到某個目的，我該怎麼做」之類的方式來問。

除此之外，塔羅牌擅長占卜「不久的將來」、「某人的心情」以及「從選項中做出選擇」；相反地，「遙遠的未來」和「模糊不清的事」則是塔羅牌比較不拿手的領域。請你在了解這點的前提之下，在提問的方式上下點功夫吧！

畢竟每個煩惱都有數不清的背景或緣由，很難只用一句話來解釋清楚，對吧？可是，即使用欲將所有全盤托出的方式來請教塔羅牌，依然還是不會得到明確的答案。最重要的是面對自己的心，問自己到底在糾結什麼？究竟想怎麼做？深入思考自己的煩惱再設定問題。

OK例

○「為了和○○交往，我該用什麼方式展開追求比較好？」

○「在相親派對上認識了A和B，和哪位結婚我才能獲得幸福？」

○「為了在一年內嫁給對結婚態度消極的他，我該怎麼做？」

對塔羅牌提出的問題有對應到自己的行動或選擇，因此有望得到明確的答案。

NG例

✗「我交得到男／女朋友嗎？」

✗「我會在這次的相親派對上遇到好對象嗎？」

✗「我能和他結婚嗎？」

雖然問得簡潔有力，但內容非常籠統，因此塔羅牌只能導出模稜兩可的答案。

mimineko 的獨家祕訣

如何認清煩惱的本質？

自問自答筆記本

作為幫助自我覺察的一種方式，我推薦大家用筆記本跟腦袋裡的另外一個自己對答！需要的工具只有一本筆記本和兩種顏色的筆。首先，請想想你要問另外一個自己什麼問題，把內容寫在筆記本上，譬如「你怎麼沒什麼精神啊」、「他說了這種話，你怎麼看」等等。接著用另一種顏色的筆，把腦中針對這個問題浮現的答案寫下來。要是對這個答案還有疑問的話，就繼續再追問下去，請試著延續與另外一個自己的對話內容。在這一來一往的過程當中，你應該能察覺自己的真實心聲或煩惱的根本問題。請務必試試看吧♪

例／因為對方沒消沒息而感到不安的時候

「假如沒有天天聯絡，我就會忍不住懷疑他的心意。為什麼呢？」

「不是因為付出信任卻遭到背叛會很難過，所以才沒辦法100%相信他嗎？」

「可是我不想在預設會被他背叛的前提之下和他交往啊。
這樣對他也很失禮吧……。」

「那相信他的結果是讓自己受傷也沒關係嗎？你受得了嗎？」

「他是我所選擇的人，不管發生什麼事，我都想承擔那份痛楚。
我想讓自顧自地懷疑對方，最後自我毀滅的固定模式就此結束。」

「嗯，不要再懷疑他了。我想相信他。」

例／對方臨時爽約，因此大吵一架的時候

「你今天為什麼要對他說那種話啊？」

「我其實很想要坦率一點，卻還是不小心故作強勢了。
因為不想讓自己受傷，結果反而說了會傷害他的話。」

「你其實想對他說什麼呢？」

「我真的很期待今天能見面，所以被放鴿子讓我覺得很傷心。
希望我們可以改約別天。我想跟他道歉，說『對不起，說了這麼過分的話』。」

「現在坦白還不算太晚吧？不過很需要勇氣就是了……」

「嗯，我其實很想把我的心情告訴他。」

PART 2 占卜你的煩惱

81

STEP
4

決定牌陣

　牌陣的英文「spread」有「攤開」的意思，而牌陣指的是把牌在桌上攤開來的方式。決定好問題之後，下一步就來決定要用哪個牌陣占卜吧！一次要放幾張牌會因為牌陣而有所不同，這些牌所代表的意義也會隨之改變。每個牌陣都有各自擅長的領域，要用什麼牌陣來占卜自己的問題呢？請你參考右頁來挑選吧！從P86開始會介紹7種牌陣。牌陣不用死背，只要看著書慢慢記起來就好。而且即使不記牌陣，也可以用「一個問題抽一張牌」（即單抽法）的方式逐步進行。不過，使用牌陣的優點在於，能夠一次從好幾個角度去解讀單一問題。為了更深入地體驗塔羅世界的樂趣，請你一定要嘗試看看喔！

---

mimineko 的獨家祕訣

挑選牌陣的方法

重視你的直覺

假如你看著右頁還是不確定要用哪個牌陣來占卜的話，請不要想得太複雜，試試「感覺對了」的那一個吧！若覺得「這個牌陣應該能解決我的煩惱」，就直接選這個也行；或者，你也可以不考慮煩惱的內容，基於「我喜歡這個牌陣的形狀」、「上次用這個牌陣算出來好像滿準的」之類的理由，憑直覺來選就好♪畢竟就連我自己平常解牌的時候，也不會堅持一定要用某個牌陣。關鍵在於你能不能相信用自己選擇的這個牌陣所占卜出來的結果。

牌陣索引

- 想得到簡單明瞭的答案
- 想要能當參考指標的建議

SPREAD 1 單抽法 P86

- 想釐清當前遇到的問題
- 想了解自己和對方的真心

SPREAD 5 凱爾特十字牌陣 P102

- 想了解問題發生的原因
- 想簡單預測未來的發展

SPREAD 2 三張牌牌陣 P90

- 想知道今年一整年的戀愛運
- 想了解兩人感情的發展走向

SPREAD 6 天宮圖牌陣 P106

- 在不同選項之間煩惱糾結
- 想知道做出選擇後的未來

SPREAD 3 二擇一牌陣 P94

- 想深入占卜戀愛的問題
- 想知道增進感情的方法

SPREAD 7 浪漫皇冠牌陣 P110

- 想占卜一對一的關係
- 想知道對方的心情

SPREAD 4 六芒星牌陣 P98

PART 2 占卜你的煩惱

STEP
5

洗牌並設置牌陣

我們終於要實際摸到牌啦！在塔羅占卜中,「偶然」是有意義的,這種占卜是從你下意識選擇的牌裡面找出答案。因此,為了提高偶然性,在每次占卜的時候把牌打散是個極為重要的步驟。洗牌和切牌的方法因人而異,這裡要介紹的是一般的作法。只要有遵守「集中精神洗牌」以及「決定牌的上下方向」這兩點,就算用你自己發明的原創作法也沒關係。

1) **一邊想著問題,一邊以順時針方向將牌打散**

覆蓋塔羅牌,在桌面上攤開,以順時針繞圈的方式將牌打散。這時,請記得要一邊想著想問的問題,一邊慢慢繞圈。因為沒有規定要繞幾圈,就繞到你覺得夠了為止吧!

2) **把牌整理成一疊,像撲克牌一樣洗牌**

等到你覺得打得夠散了,就將所有牌集合起來堆成一疊,然後再用跟玩撲克牌一樣的方法洗牌。如果沒有空間能像步驟1那樣把牌打散的話,從這個步驟開始操作也不要緊。

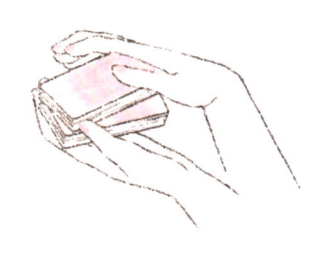

③ 把牌分成3份，按照喜歡的順序疊放

把牌分成3份，然後按照自己喜歡的順序疊放，以改變原先的排序。牌會再次變回一疊。

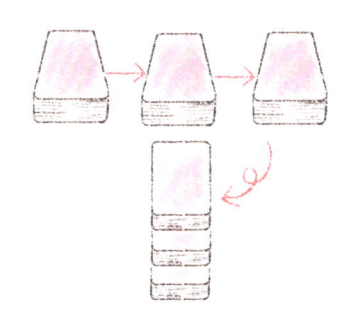

④ 決定牌的上下方向並設置牌陣

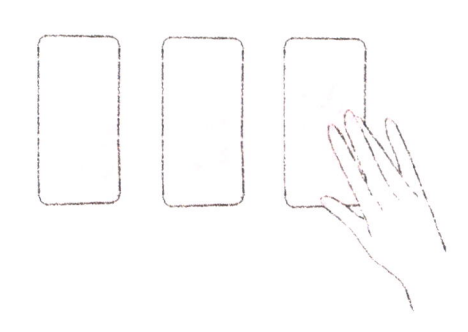

決定牌的哪一邊是上面、哪一邊是下面（不採用逆位的話，也可以省略這個步驟）。從牌堆最上面的第一張牌開始，配合占卜用的牌陣放牌。設置牌陣時，可以先蓋著牌，等全部排好之後再逐張翻開，也可以從一開始就翻開來放。

PART 2 占卜你的煩惱

POINT

翻牌時，為了不影響在步驟4決定的上下方向，請水平翻牌。但也不能一下往右翻、一下往左翻，而是要在一開始就先決定好自己翻牌的方向。統一設置一個牌陣的所有步驟是很重要的。

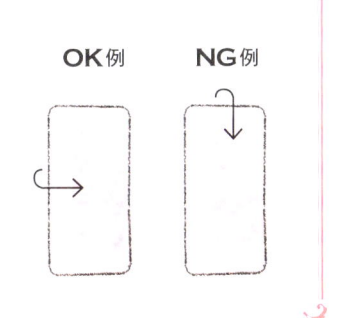

OK例　　NG例

SPREAD 1 : 單抽法

使用的牌
78張完整牌組或
22張大阿爾克那

能導出簡單明瞭的答案

　　這種簡易牌陣是從憑直覺抽到的一張牌導出答案。初學者或想立刻知道答案的人自然不在話下，想決定大致方向、尋求直接意見或當問題是是非題的時候，我也建議使用這個牌陣。單抽法雖然是塔羅占卜的基礎，卻也是能解決任何疑難雜症的萬能牌陣。

牌的涵義

單抽法是用一張牌來回答所有問題，因此牌的涵義會隨著問題改變。例如目前的情況、你的心情、對方的心情、造成問題的原因、不久的將來或建議等等，請臨機應變地做出解釋、接收訊息吧！

> **HINT**
>
> 本書P158會介紹「每天一張牌！提升戀愛運的塔羅占卜」，可以用單抽法得知提升當日戀愛運的幸運物等資訊，請一定要每天都試著抽抽看喔！

問題例

- 我可以現在聯絡他嗎？
- 他現在的心情如何？
- 我在意的人有男／女朋友了嗎？
- 他偏好什麼樣的類型？
- 我該用怎樣的態度跟他相處比較好？

PART 2　占卜你的煩惱

:POINT:

問題要問清楚

單抽法可以解答所有疑惑，正因如此，在占卜前明確提出你的需求，讓塔羅牌知道你希望針對哪件事給出指引是很重要的。

連用也沒關係

抽一張牌得到答案之後，進一步對這個問題產生更具體的疑問，於是繼續用單抽法再追問下去，像這樣的用法也OK！

SPREAD 單抽法 [範例 A] ：他今天的狀態如何？

寶劍 2
正位

Answer 1 **他雖然很冷靜，但也可能正在煩惱什麼**

這裡出現了代表平衡的〈寶劍2〉。因此，我們可以想成：今天他的內心保持在平衡狀態，心情沒有太大的波瀾。只不過，〈寶劍2〉也有「內心糾葛」的意思。圖片中的女子蒙著眼睛，從這裡也可以解釋成：儘管他正在為了自己必須面對的問題苦惱糾結，但是卻藉由轉移目光來保持內心的平靜。他是不是正在勉強自己呢？試著關心他一下吧！

節制
逆位

Answer 2 **他的情緒不太穩定，有可能會發生誤會**

〈節制〉代表與他人之間的協調或自制心，不過這裡出現了逆位。從這邊我們可以解讀成：今天他的心理狀態不是很平靜。因為無暇顧及其他，情緒變得不太穩定，在與他人的溝通上也比較容易發生誤會。而且又因為不能好好地控制自己，他本人可能也想跟別人稍微保持距離。別硬是向他搭話，從遠遠的地方關心他，這樣說不定會比較好。

SPREAD 單抽法 ［範例 B］

告白會有好的結果嗎？

錢幣6
逆位

Answer 1 **奢求回報也許就得不到好的結果**

〈錢幣6〉代表不求回報的慈愛，可是這邊出現了逆位。也就是說，你現在正在向追求的對象「索取回報」。而且再加上〈錢幣6〉還有不公平或不會如願以償的意思，因此我們可以想見：即使向對方告白，得到的結果也不會是你能接受的。若是還想知道更具體的建議，也可以用「要怎麼做才能告白成功」這個問題，再用單抽法占卜一次。

錢幣10
正位

Answer 2 **說不定會發展成延續到將來的關係**

〈錢幣10〉代表財產或繼承，同時也是一張象徵家庭的牌，因此在愛情方面表示走入婚姻或關係的延續。換句話說，藉由這場告白，兩人可能會在將來步入禮堂，又或是發展成可以長久交往下去的關係。除此之外，今後說不定還會演變成雙方家人互相認識、彼此交流的情況。你應該能以告白為契機，開闢出通往光明未來的道路，所以儘管帶著自信告白吧！

SPREAD 2　三張牌牌陣

使用的牌
78張完整牌組或
22張大阿爾克那

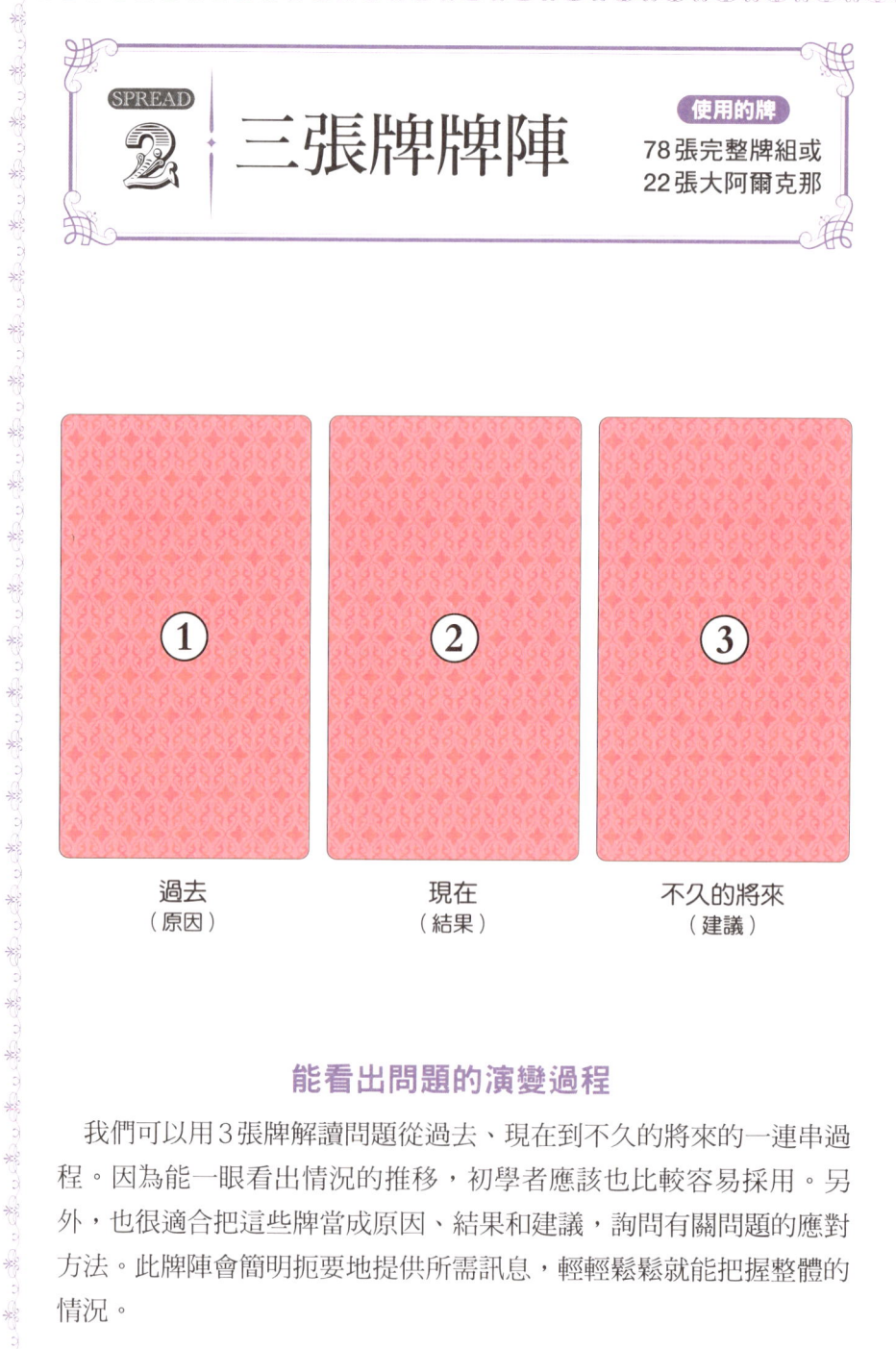

①	②	③
過去 （原因）	現在 （結果）	不久的將來 （建議）

能看出問題的演變過程

　　我們可以用3張牌解讀問題從過去、現在到不久的將來的一連串過程。因為能一眼看出情況的推移，初學者應該也比較容易採用。另外，也很適合把這些牌當成原因、結果和建議，詢問有關問題的應對方法。此牌陣會簡明扼要地提供所需訊息，輕輕鬆鬆就能把握整體的情況。

牌的涵義

① 過去（原因）
問題過去的情況或發生的原因。
② 現在（結果）
問題目前的情況或最後的結果。
③ 不久的將來（建議）
問問題今後會如何演變或塔羅牌的建議。

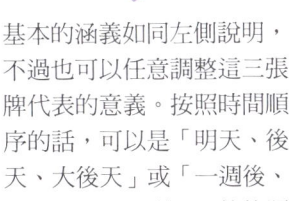

> **HINT**
>
> 基本的涵義如同左側說明，不過也可以任意調整這三張牌代表的意義。按照時間順序的話，可以是「明天、後天、大後天」或「一週後、兩週後、三週後」，其他還可以用像是「YES、暫不決定、NO」之類的意思進行占卜。

問題例

- 我想知道自己的戀愛運走勢。
- 我好像傷到他了。他對我說的話有什麼想法？
- 心上人對我的態度好像怪怪的，怎麼辦？
- 我明明有找對象，但一直交不到男朋友，為什麼？
- 我無法割捨這段不倫戀。繼續交往會發生什麼事？

:POINT:

用3張牌打造一篇故事

解牌時，訣竅在於彷彿要用這三張牌創作出一篇故事一樣發揮想像力。即使分開來看，一定也可以從三張牌的共通點、翻牌時的印象來拓展想像空間，藉此解出從過去到現在、從現在到未來這些過程之間的連結。

SPREAD 2 三張牌牌陣 ［範例A］

我之後會遇到好對象嗎？

Answer 1　只要注意草率的態度，就會邂逅共赴將來的對象

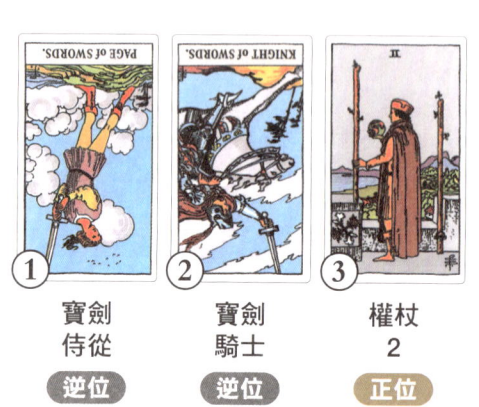

① 寶劍侍從　逆位
② 寶劍騎士　逆位
③ 權杖2　正位

①代表做事缺乏計畫性或說錯話等魯莽的態度。你之前雖然有在尋找對象，但可能只是毫無計畫地走一步算一步。如②所示，你至今仍像熱鍋上的螞蟻，急得半死卻只是在原地打轉。然而，在未來的位置出現了會和遇見的人共赴將來的③。只要改掉目前這種隨便的態度，腳踏實地地尋求邂逅，說不定命運就自然會有美好的安排了。

Answer 2　現在先小憩片刻，在談戀愛之餘也要好好享受

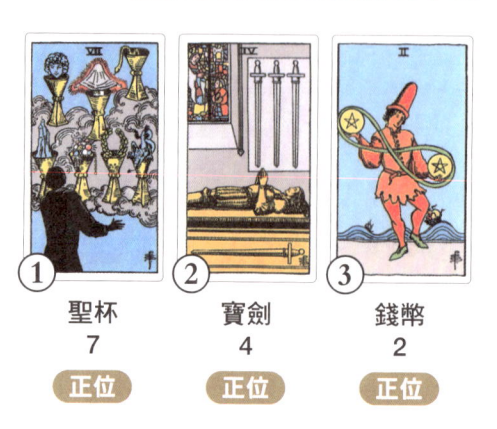

① 聖杯7　正位
② 寶劍4　正位
③ 錢幣2　正位

①表示充滿粉紅幻想泡泡的戀愛，可以解讀成：你對尋求邂逅有太多期待，導致理想變得高不可攀。然而也許是不太順利，所以累了吧？現在的位置出現②，你可能正想著要暫時脫離這種狀態，休息一下。未來則如③所示，應該能在戀愛以外的興趣或工作找到樂趣。這種不要過於強求的心態，搞不好才會幫助你遇見願意逗自己開心的對象喔！

92

SPREAD 2 三張牌牌陣 ［範例B］　他為什麼要生我的氣？

Answer 1　或許是出於嫉妒吧，請接受他的情緒

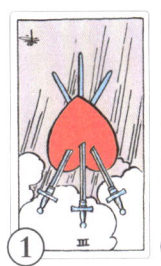

① 寶劍3（逆位） 
② 節制（正位） 
③ 聖杯皇后（正位）

　從①可以想到的原因，有可能是因為他在嫉妒。他的心傷痕累累，為自卑感受盡折磨，或許是不善於表達這樣的自己，所以才擺出生氣的態度。然而未來的位置出現②，可以看見兩人的關係會達到平衡。建議則如③所示，你要秉持接納一切的態度。不要否定他的情緒，而是將他輕擁入懷，這樣才能打開一條道路通往③所展現的未來。

Answer 2　與他人商量找出原因、修復關係

① 錢幣騎士（逆位） 
② 隱士（逆位） 
③ 正義（逆位）

　①代表一成不變，因此對方可能對你累積了很多小小的不滿。繼續這樣下去的話，結果會如②所示，兩個人應該不會當面把話說開，而是雙雙將內心封閉起來。作為用來避免這種情況的建議，我們可以從③接收到「重要的是謙虛的態度」這個訊息。找第三個人商量看看，客觀檢視造成這個問題的原因，這樣說不定就能修復你們之間的關係了。

SPREAD 3 二擇一牌陣

使用的牌
78張完整牌組

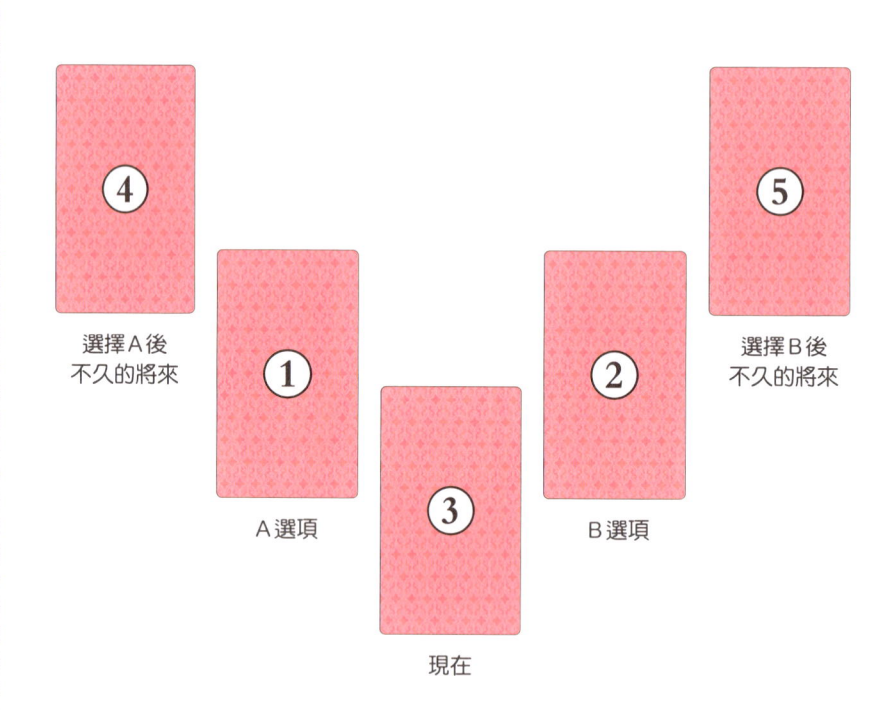

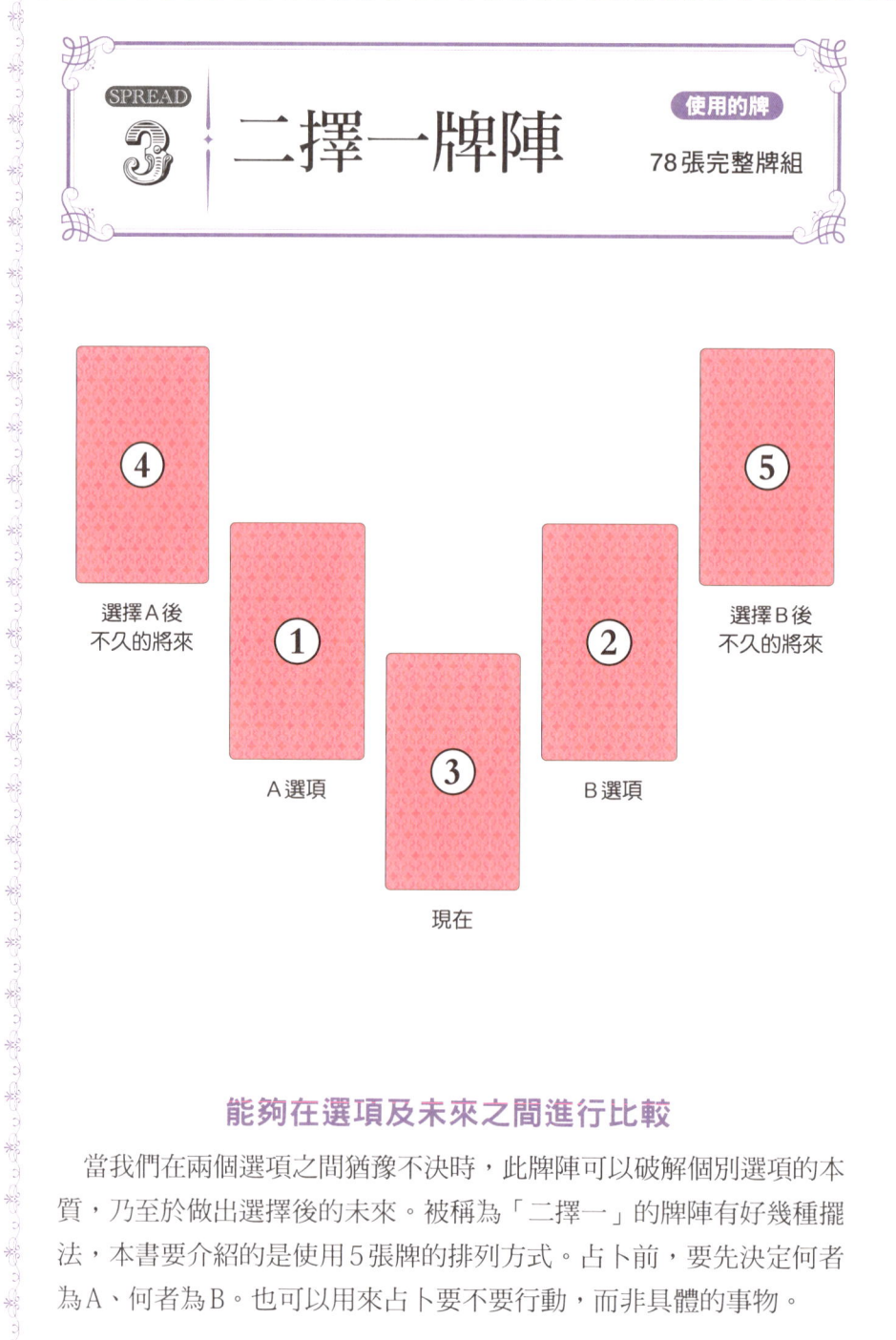

④ 選擇A後不久的將來
① A選項
② B選項
⑤ 選擇B後不久的將來
③ 現在

能夠在選項及未來之間進行比較

當我們在兩個選項之間猶豫不決時，此牌陣可以破解個別選項的本質，乃至於做出選擇後的未來。被稱為「二擇一」的牌陣有好幾種擺法，本書要介紹的是使用5張牌的排列方式。占卜前，要先決定何者為A、何者為B。也可以用來占卜要不要行動，而非具體的事物。

牌的涵義

① **A選項**
　A選項的現況或看不見的本質。

② **B選項**
　B選項的現況或看不見的本質。

③ **現在**
　問卜者在這個問題上的現況或對選項的想法。

④ **選擇A後不久的將來**
　選了A選項的話,之後會發生什麼事。

⑤ **選擇B後不久的將來**
　選了B選項的話,之後會發生什麼事。

問題例

- A的個性很溫柔,B的外表是我的菜,我要和誰交往才能獲得幸福呢?

- 若要約心儀對象出去吃飯,A和B哪間餐廳會比較好?

- 男友收到A和B哪一個禮物會比較開心?

- 我對老公有一點小小的不滿,應該把這件事告訴他呢?

:POINT:

如果占卜結果不清楚

　　用二擇一牌陣占卜未必一定能判斷出兩個選項孰好孰壞。假如遇到兩個都好、兩個都壞,沒有明顯的答案時,也可能是代表「需參考塔羅牌提供的線索做出選擇」、「還有其他選項」或「現在不是做選擇的時候」。

SPREAD 3 二擇一牌陣 ［範例A］

我要跟A或B誰交往才會順利走下去？

Answer 1 若是跟B開始交往，感情發展應該會一飛沖天

④ 錢幣 10 逆位
① 錢幣 4 正位
③ 死神 正位
② 寶劍 侍從 正位
⑤ 權杖 騎士 正位

看①和②可以分別解讀A、B兩人的性格：A屬於認真謹慎的類型，B則擅長與人溝通，還很會炒熱聊天的氣氛。從③可以得知，問卜者想放下過去的戀情，轉換心態積極面對戀愛。從⑤能想像兩人的感情急速升溫的情況，然而④卻指出可能會在家庭或金錢方面出現某種摩擦。因此就結果來說，選擇跟B交往應該會發展得比較順利。

Answer 2 這兩人都不是真命天子，問卜者應該也心裡有數

④ 寶劍 8 正位
① 寶劍 5 正位
③ 聖杯 5 正位
② 聖杯 3 逆位
⑤ 惡魔 正位

從①能看出A有比較強勢的地方，如④所示，交往後可能會有很強的控制慾。從②可以得知，跟B應該會相處得非常愉快，可是雙方並不會追求進步，而是會像⑤一樣由於惰性使然，拖拖拉拉地交往下去。最重要的是，如③所示，問卜者自己已經知道會期待落空了。很遺憾地，不管和誰在一起，未來似乎都不太樂觀。

SPREAD 3 二擇一牌陣 ［範例 B］

我要加入 A 或 B 哪一家婚友社才能馬上結婚？

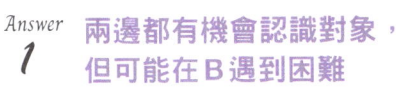

Answer 1　兩邊都有機會認識對象，但可能在 B 遇到困難

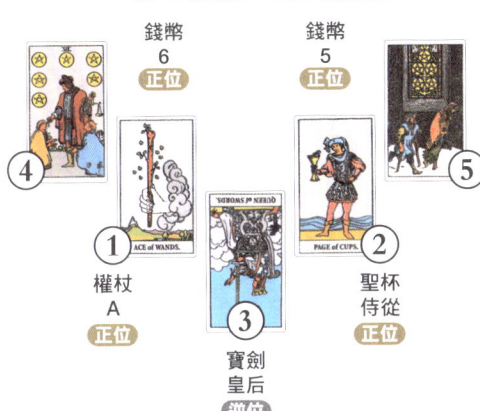

- ④ 錢幣 6　正位
- ① 權杖 A　正位
- ③ 寶劍皇后　逆位
- ② 聖杯侍從　正位
- ⑤ 錢幣 5　正位

從③可以得知，問卜者正試圖以嚴格的標準鑑別婚友社和交往對象。看①和②會發現A、B似乎都有認識新對象的徵兆。從代表未來的④和⑤來看，牌面顯示在A會跟經濟富裕且容易親近的對象結緣，在B則會遇到金錢方面的難關，從而聯想到可能因為高昂的會費一貧如洗，又或是認識的對象負債累累。由此可見，A應該會是比較好的選擇。

Answer 2　A 會很快出現進展，但是以長遠的眼光來看則 B 較佳

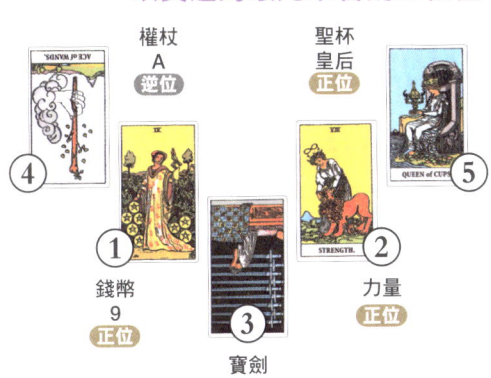

- ④ 權杖 A　逆位
- ① 錢幣 9　正位
- ③ 寶劍 9　逆位
- ② 力量　正位
- ⑤ 聖杯皇后　正位

從①來看，A應該很快就會出現令問卜者在意的對象。從②會發現B或許也有不錯的對象，可是花的時間會比較長。就④和⑤的未來看起來，A呈現的是愛情的冷卻，因此戀愛熱度可能轉瞬即逝；B則和②連貫，令人聯想到為對方傾注愛情的模樣。雖然進展的速度是A比較快，不過就結果來說，選擇B才會談一場幸福的戀愛。

PART 2　占卜你的煩惱

SPREAD 4 六芒星牌陣

使用的牌
78張完整牌組

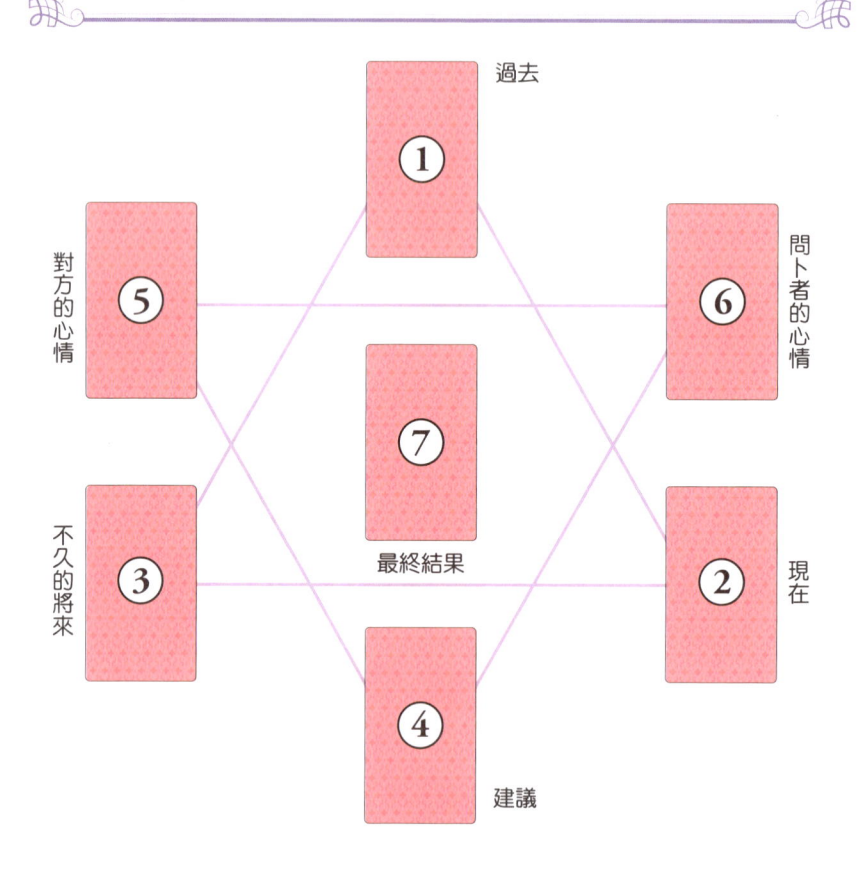

- 1 過去
- 5 對方的心情
- 6 問卜者的心情
- 7 最終結果
- 3 不久的將來
- 2 現在
- 4 建議

能深入占卜一對一的關係

　　排成六芒星形狀的7張牌會簡明扼要地反映出時間的推移以及問卜者與對方之間的關係。此牌陣由兩個三角形組成，正三角形是時間的演進，倒三角形代表雙方的心情和塔羅牌的建議。此牌陣可以輕鬆解出兩人對現狀的想法，因此很適合用來占卜契合度或兩人周遭的問題。

牌的涵義

① 過去
問題過去的情況或造成的原因，也可以看成兩人過去的關係。

② 現在
兩人目前的現況、周圍的環境或此刻的心情，也可以看成兩人現在的關係。

③ 不久的將來
今後兩人的關係將會出現什麼樣的變化。

④ 建議
針對問題的因應對策或為了在往後建立良好關係的建議。

⑤ 對方的心情
對方內心的想法、對問題的情緒反應或身處的情況。

⑥ 問卜者的心情
問卜者的感受，或對問題的真實想法。

⑦ 最終結果
問題或這段關係的最終結果。

--- 問題例 ---

- 同事經常跟我眼神交會，我想知道他是不是對我有意思。
- 我喜歡上只是朋友關係的他了，對方有把我視為戀愛對象嗎？
- 該怎麼做才能讓男友停止對我的瘋狂束縛？
- 遠距離戀愛中的男友為什麼不太聯絡我？

:POINT:

把兩個三角形分開解讀

使用此牌陣的訣竅是把兩個三角形分開來解讀。首先，先看正三角形，從①、②、③掌握問題的發展過程。接著再看倒三角形，比較⑤和⑥的情況，考慮④的建議再解讀⑦的最終結果，這樣就能俯瞰塔羅牌的答案了。

SPREAD 4 六芒星牌陣 [範例]

拖拖拉拉交往到現在的男友有在考慮將來嗎？

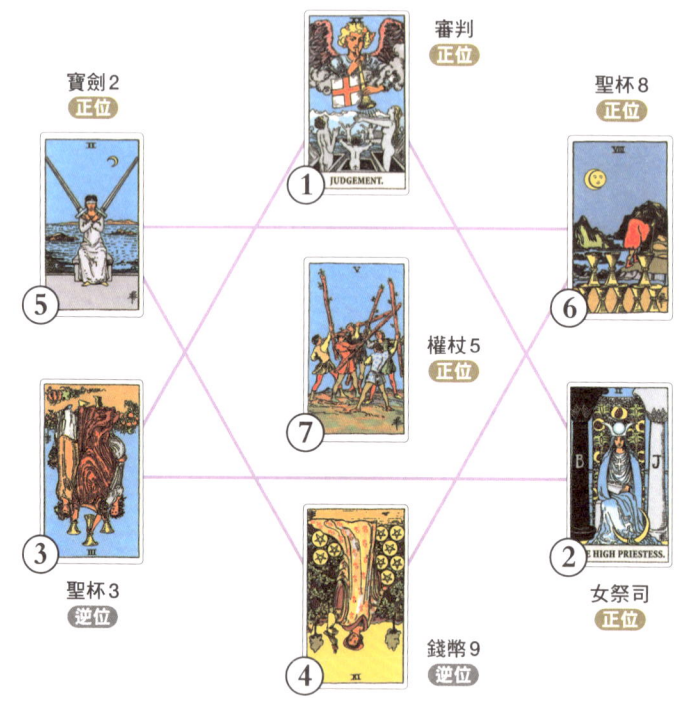

寶劍2 正位
審判 正位
聖杯8 正位
權杖5 正位
聖杯3 逆位
錢幣9 逆位
女祭司 正位

Answer 1 **他比較想繼續維持現狀，若想更進一步，就要正面對決**

　　從①能看出兩人至今共同跨越了重重難關。從②可以了解在相處上輕鬆自在、毫無負擔的現況。看⑤和⑥會發現：儘管男友好像很想維持現狀，然而問卜者卻正在為了要不要放棄這段感情而苦苦糾結。從③看繼續交往的未來，感覺還是會在惰性的影響下延續關係。假如想結婚的話，就需要如④所示，以女方的意見為優先。直接向男友表達自己對結婚的想法，或許就會跟⑦一樣，在衝突之後培養出更深刻的感情。

錢幣4
逆位

寶劍6
逆位

死神
正位

① ⑤ ⑥ ②

聖杯4
正位

⑦

THE DEVIL
③

惡魔
逆位

聖杯2
逆位

④

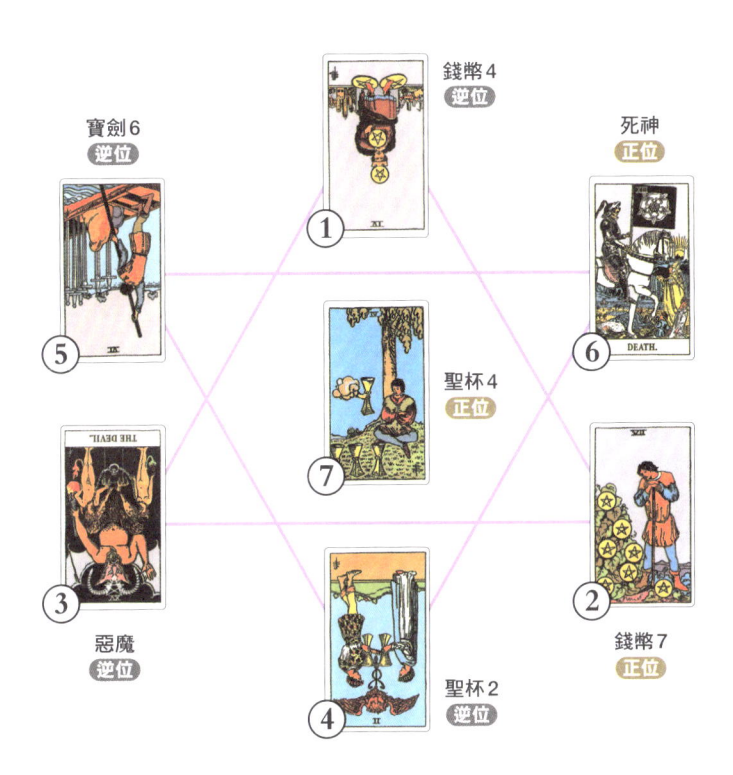

錢幣7
正位

Answer 2 雙方對彼此都心存不滿，
他應該也有分手的想法了

　　從①可以看出正是過去累積的相處時光造就了放不下彼此的執著，②則是縱使不滿卻依然待在一起的現狀。就⑤看來，男友似乎也正苦惱於目前的情況，而⑥所代表的問卜者也同樣發現關係即將結束了。即使看⑦也能感受到雙方對彼此的埋怨，因此兩人或許都意識到分手這個選項了。想修復關係的話，就需要和④一樣，努力交換彼此的意見。從③可以預測到的未來是：無論你選擇怎麼做，都會逐漸脫離現在的關係。

SPREAD 5 凱爾特十字牌陣

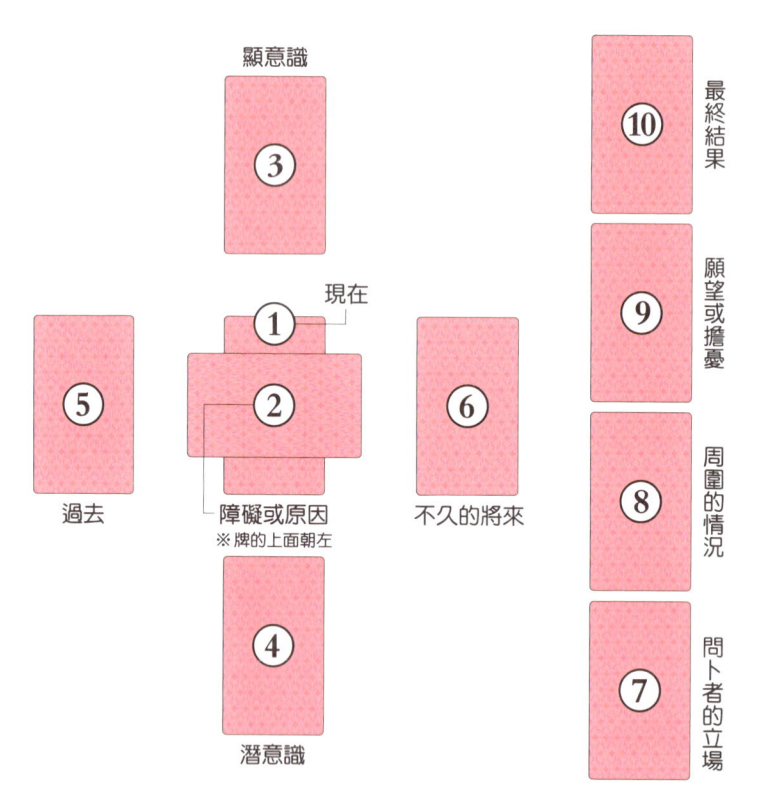

使用的牌
78張完整牌組

- 3 顯意識
- 1 現在
- 2 障礙或原因 ※牌的上面朝左
- 5 過去
- 6 不久的將來
- 4 潛意識
- 10 最終結果
- 9 願望或擔憂
- 8 周圍的情況
- 7 問卜者的立場

能涉足內心深處或問題的本質

這10張牌可以深入挖掘問卜者的內心，解讀正在發生的問題面臨到的障礙、形成的原因、未來的發展乃至最後的結果。而且，甚至還能得知當事人毫無自覺的真心話或願望，因此也很適合用在想面對自己的時候。只要換個問題，改問對方的事，還能了解對方的心情或潛意識。

牌的涵義

① 現在
問卜者在這個問題上的現狀或問題本身的情況。

② 障礙或原因
擋在前方的障礙、考驗或造成問題的原因。

③ 顯意識
問卜者已經察覺到的想法或對問題的認知。

④ 潛意識
問卜者尚無自覺、埋藏心底的真實想法。

⑤ 過去
問題過去的情況或發生的原因。

⑥ 不久的將來
問題今後將會發生什麼變化。

⑦ 問卜者的立場
從客觀的角度來看，問卜者所處的立場或表現出來的樣子。

⑧ 周圍的情況
問題周圍的情況或環境。

⑨ 願望或擔憂
問卜者對問題抱持願望或擔憂。

⑩ 最終結果
問題的最後結果。

問題例

- 是什麼原因導致我經常和男友發生誤會？
- 我不曉得自己為什麼總是忍不住對老公發脾氣。
- 要怎麼做才能改掉無法坦率面對心儀對象的性格？
- 「戀人未滿」的對象態度怪怪的。原因是什麼？
- 為了提升自己的魅力，我該怎麼做？

POINT

注意顯意識及潛意識

請將焦點放在成對的③顯意識和④潛意識。尤其我們對潛意識沒有自覺，因此這會是一個重要提示。「我以為自己是這麼想的（顯意識），但其實心底是這種感覺（潛意識）。」只要了解這點，應該就能獲得意外的發現。

SPREAD 5
凱爾特十字牌陣 ［範例］

我很想戀愛，但又無法表現得積極怎麼辦？

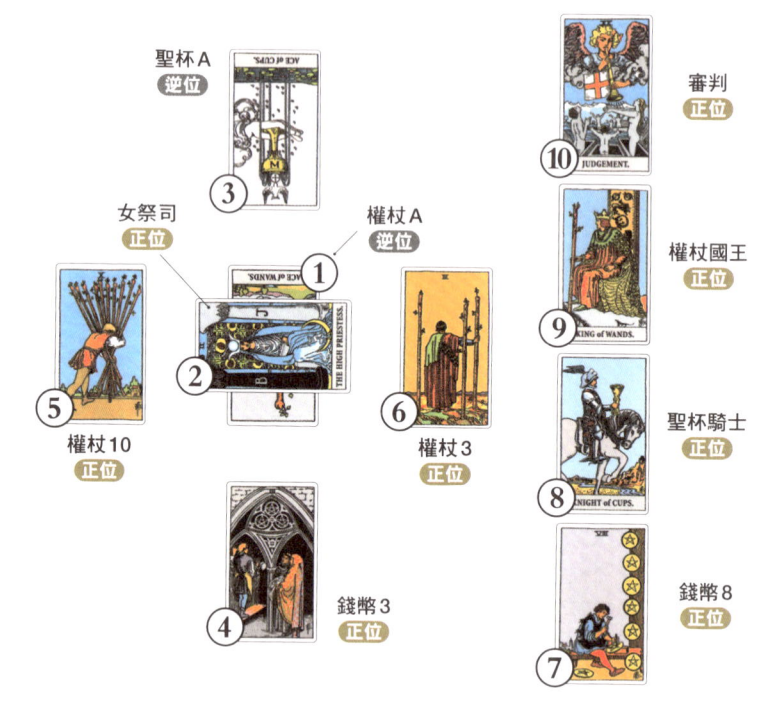

聖杯A 逆位 ③
女祭司 正位
權杖A 逆位 ①
②
權杖10 正位 ⑤
權杖3 正位 ⑥
錢幣3 正位 ④
審判 正位 ⑩
權杖國王 正位 ⑨
聖杯騎士 正位 ⑧
錢幣8 正位 ⑦

Answer 1 **面對自己才會產生新戀情的預感**

　從①、②、③能得知問卜者對戀愛的消極態度。但從④可以想像問卜者追尋的是才華洋溢或類似同志的對象；⑤能看見為另一半無私奉獻，因而對戀愛感到疲乏的過去；⑥是未來的可能性；⑦代表現在正是面對自己的時機，但身邊也可能已經有像⑧一樣優秀的對象了。心底期盼如⑨般熱情如火的戀愛。就⑩看起來，最後應該會出現覺得「就是他！」的對象。能自然積極應對的時刻就快來臨了。

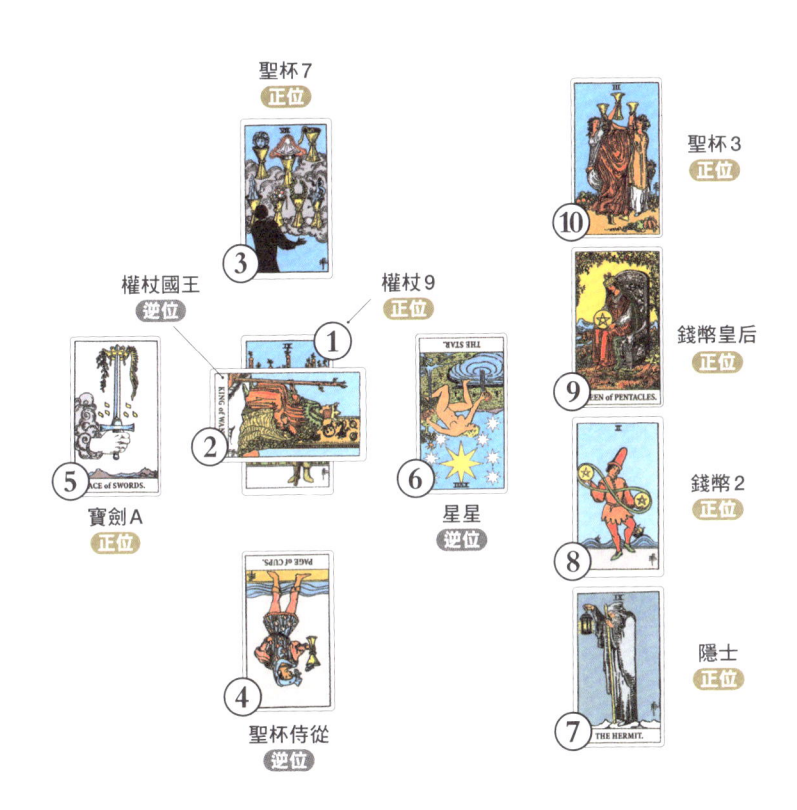

① 權杖9 正位
② 權杖國王 逆位
③ 聖杯7 正位
④ 聖杯侍從 逆位
⑤ 寶劍A 正位
⑥ 星星 逆位
⑦ 隱士 正位
⑧ 錢幣2 正位
⑨ 錢幣皇后 正位
⑩ 聖杯3 正位

Answer 2　捨棄自尊和理想，從輕鬆當朋友開始做起

　　從①可以看出著急，但障礙如②所示，是問卜者的自尊心。③顯示對戀愛有崇高的理想；④代表因為孤單寂寞，很想向某個人撒嬌。不過從⑥看來，情況發展並不會盡如理想。或許是察覺到了這點，問卜者如⑦呈現的，打算面對自己的真心。從⑨可以看到想被愛並放下心來的心情，而身邊也有類似⑧的對象。請像⑩的結果一樣，放慢腳步，享受輕鬆愉快的人際關係。有可能從友情發展成戀情。

SPREAD 6 天宮圖牌陣

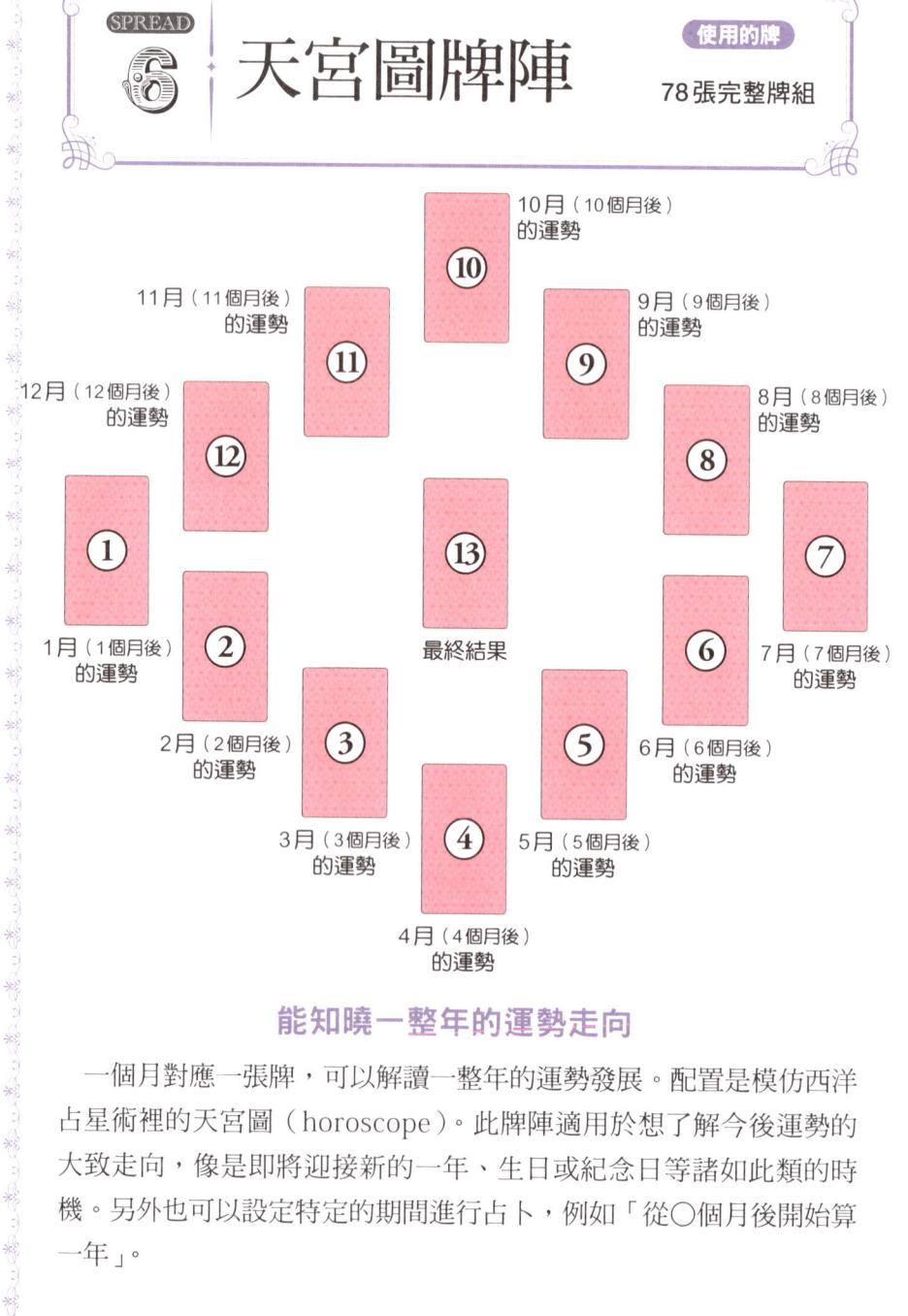

使用的牌
78張完整牌組

- ① 1月（1個月後）的運勢
- ② 2月（2個月後）的運勢
- ③ 3月（3個月後）的運勢
- ④ 4月（4個月後）的運勢
- ⑤ 5月（5個月後）的運勢
- ⑥ 6月（6個月後）的運勢
- ⑦ 7月（7個月後）的運勢
- ⑧ 8月（8個月後）的運勢
- ⑨ 9月（9個月後）的運勢
- ⑩ 10月（10個月後）的運勢
- ⑪ 11月（11個月後）的運勢
- ⑫ 12月（12個月後）的運勢
- ⑬ 最終結果

能知曉一整年的運勢走向

一個月對應一張牌，可以解讀一整年的運勢發展。配置是模仿西洋占星術裡的天宮圖（horoscope）。此牌陣適用於想了解今後運勢的大致走向，像是即將迎接新的一年、生日或紀念日等諸如此類的時機。另外也可以設定特定的期間進行占卜，例如「從○個月後開始算一年」。

牌的涵義

①～⑫

分別代表1月～12月，或從占卜當下算起的一個月後～十二個月後的運勢。也可以設定特定的期間，以「我想占卜從三個月後開始算一年的運勢」為例，①代表三個月後，②代表四個月後，以此類推。

⑬ 最終結果

一整年的總體情況、一年後的最終結果或塔羅牌的建議。

> **HINT**
>
> 一般認為塔羅牌能夠占卜的範圍，基本上是發生在一～三個月之內的事。儘管天宮圖牌陣可以占卜未來一年的運勢，但請認清那究竟不過是從「現在這個當下」所看見的未來。

問題例

- 我想了解明年一整年的戀愛運走勢。
- 我們下個月就交往滿一年了。我和他的下一年會是怎樣的一年呢？
- 三個月後，男友要出國留學一年。我實在很擔心，所以想知道我們兩人在這一年內的情況。
- 我想在明年的生日之前結婚，作為大略的參考方向，我想要每個月的戀愛建議。

POINT

注意塔羅牌的強弱

我們也要關注翻到的牌是大阿爾克那還是小阿爾克那。塔羅牌有強弱之分，大阿爾克那代表巨大的變化，小阿爾克那代表細碎的瑣事。出現大阿爾克那的月分，可以解釋成會有（與牌義相符的）劇烈變化或戲劇性的發展。

SPREAD 6 天宮圖牌陣 [範例]

我想了解今年一整年的戀愛運！

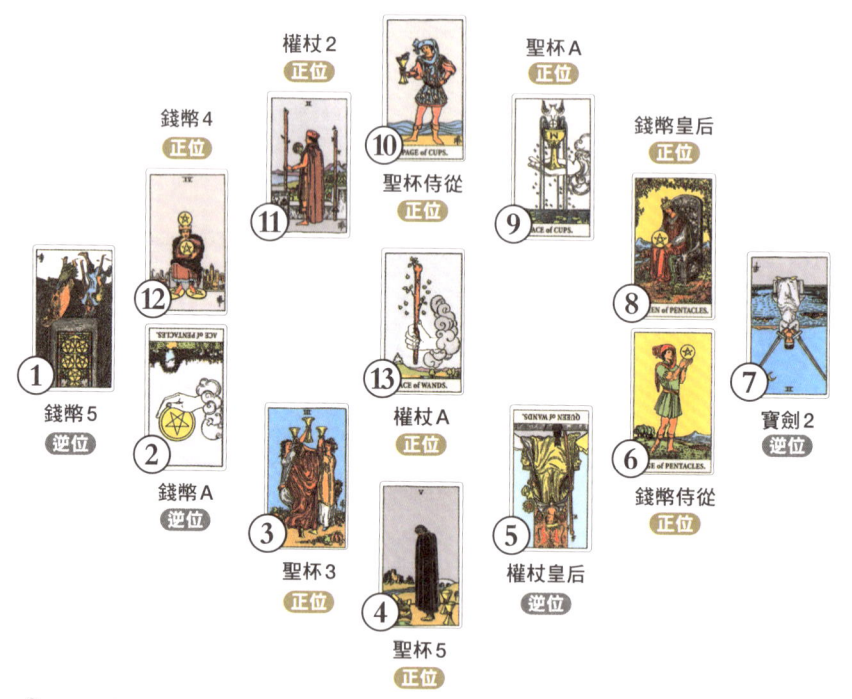

權杖2 正位
錢幣4 正位
⑩ 聖杯侍從 正位
聖杯A 正位
錢幣皇后 正位
① 錢幣5 逆位
② 錢幣A 逆位
⑪
⑫
⑨
⑬
⑧
⑦ 寶劍2 逆位
③ 聖杯3 正位
④ 聖杯5 正位
權杖A 正位
⑤ 權杖皇后 逆位
⑥ 錢幣侍從 正位

Answer 1　起初運勢低迷，但是會漸入佳境

　　總的來看，到⑦為止的上半年，戀愛應該都不會有特別明顯的進展。不過從⑧開始，問卜者的魅力與日俱增，並且如⑨所示，產生了認識新對象的預感。在⑩和⑪應該還會出現令人春心蕩漾的美好進展或延續到未來的話題。到了⑫會變得更想珍惜這場緣分。就⑬來看，也能感覺到未來終將是一片光明。整個牌陣沒有一張大阿爾克那，從這裡可以解讀成：或許不會有戲劇性的重大發展，但戀愛運會在下半年漸入佳境。

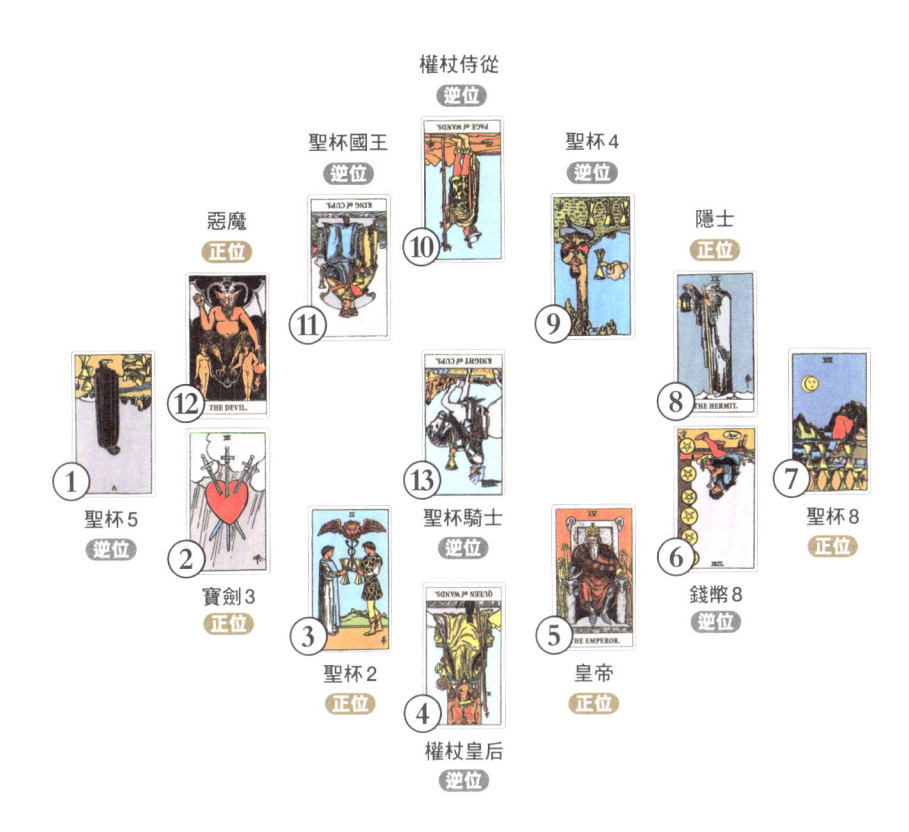

Answer **今年會是波濤洶湧的一年，**
2 **不要隨波逐流，重新審視自己**

　　從整體來看，會發現上半年的高低起伏相當劇烈。才覺得好像出現了不錯的徵兆，沒想到下個月卻又陷入了瓶頸。從⑧能看到問卜者試圖自我反省來改變現狀，但⑨～⑫的運勢走向實在無法期待有令人高興的發展，可能會發生因為自己不成熟而捲入紛爭之類的情況。如⑬所示，今年很容易受到情緒影響，出現大起大落。只要像⑧一樣在自我審視的時間點確實地站穩腳跟，說不定就可以改變未來了。

SPREAD 7 ｜ 浪漫皇冠牌陣

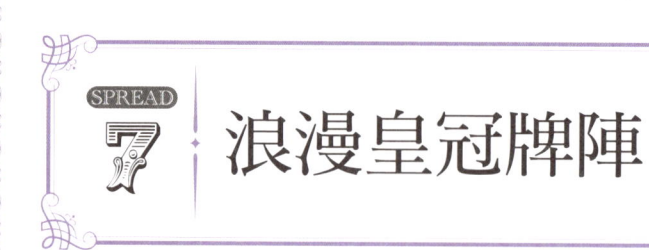

使用的牌
78張完整牌組

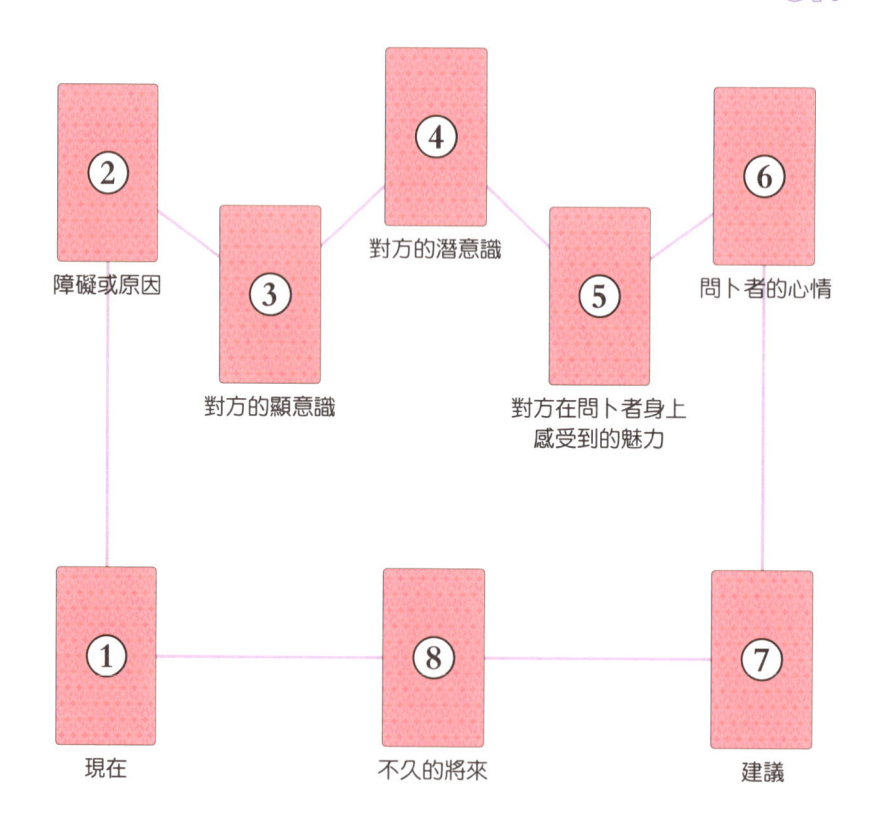

② 障礙或原因
③ 對方的顯意識
④ 對方的潛意識
⑤ 對方在問卜者身上感受到的魅力
⑥ 問卜者的心情
① 現在
⑧ 不久的將來
⑦ 建議

能深入探究有關戀愛的問題

　　這是mimineko我祈願每個戀愛中的人都能成為戀愛贏家，模仿皇冠造型精心設計的自創牌陣。特徵是能踏進對方的顯意識及潛意識，甚至還能破解問卜者在對方眼中的魅力之處。此牌陣可以全面性地占卜戀愛煩惱，導出戀情的未來發展或進一步改善關係的答案。

牌的涵義

① 現在
問卜者在這個問題上的現狀或問題本身的情況。

② 障礙或原因
擋在前方的障礙、考驗或造成問題的原因。

③ 對方的顯意識
對方已有自覺的想法或對問題的認知。

④ 對方的潛意識
對方尚無自覺、埋藏心底的真實想法。

⑤ 對方在問卜者身上感受到的魅力
對方喜歡問卜者的什麼地方；若兩人並非情侶，則代表對方欣賞問卜者的哪一點。

⑥ 問卜者的心情
問卜者對問題的感受。

⑦ 建議
針對問題的因應對策或為了在往後建立良好關係的建議。

⑧ 不久的將來
今後兩人的關係將會出現什麼樣的變化。

問題例

- 「朋友以上，戀人未滿」的他尚未回覆我的告白。他有打算和我交往嗎？
- 剛交往的男友對我的溺愛反而令我感到不安。我們以後也會繼續維持這種相處模式嗎？
- 已婚的上司對我示好。他想做什麼？

：POINT：

將⑤的內容化為自信

解牌的訣竅在於，比較代表對方心情的③、④、⑤和代表問卜者的⑥，並重視⑦提供的建議。尤其⑤代表對方從問卜者身上感受到的魅力，想放棄時，請回想這張牌的內容，轉化成對戀愛的自信。你們將能邁向更美好的未來。

SPREAD 7 浪漫皇冠牌陣 ［範例］

最近剛認識的那個人是不是對我有意思？

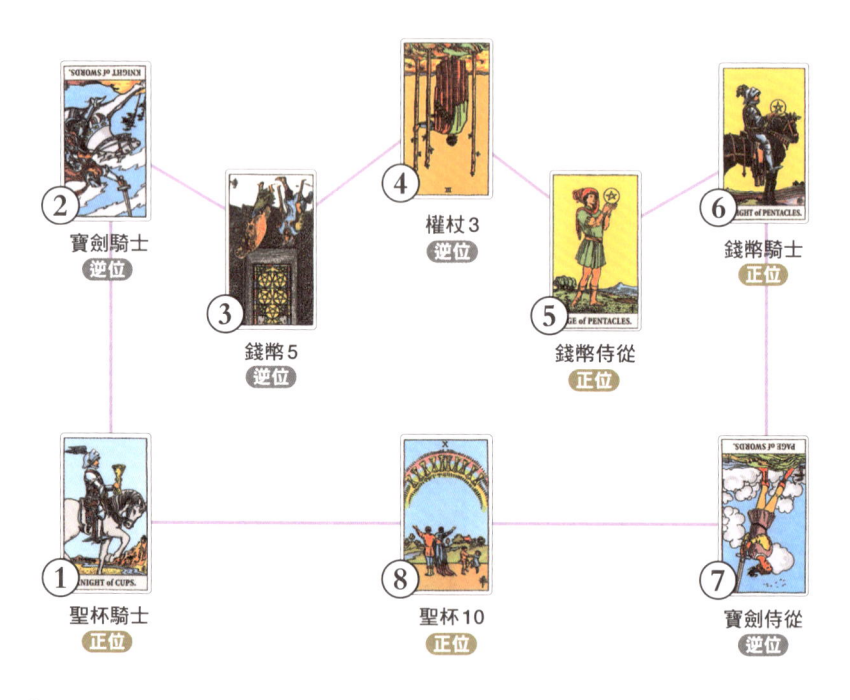

② 寶劍騎士 逆位
③ 錢幣5 逆位
④ 權杖3 逆位
⑤ 錢幣侍從 正位
⑥ 錢幣騎士 正位
① 聖杯騎士 正位
⑧ 聖杯10 正位
⑦ 寶劍侍從 逆位

Answer 1 **有好感這點是千真萬確的，不慌不忙地培養感情吧！**

　　從①能知道，這對雙方而言都是一場令人心花怒放的邂逅。從③和④可以想像得出來：對方之前或許身處在某種艱困的情況之中，雖然一直努力擺脫過去，卻仍未準備好迎接新戀情。但⑤能看出他被問卜者的誠實態度深深吸引，⑥則顯示問卜者似乎也想認真面對這個對象。至於未來則如⑧所示，應該會發展出前景看好的關係，所以就像②和⑦一樣，不要心急，慢慢地培養感情就好。

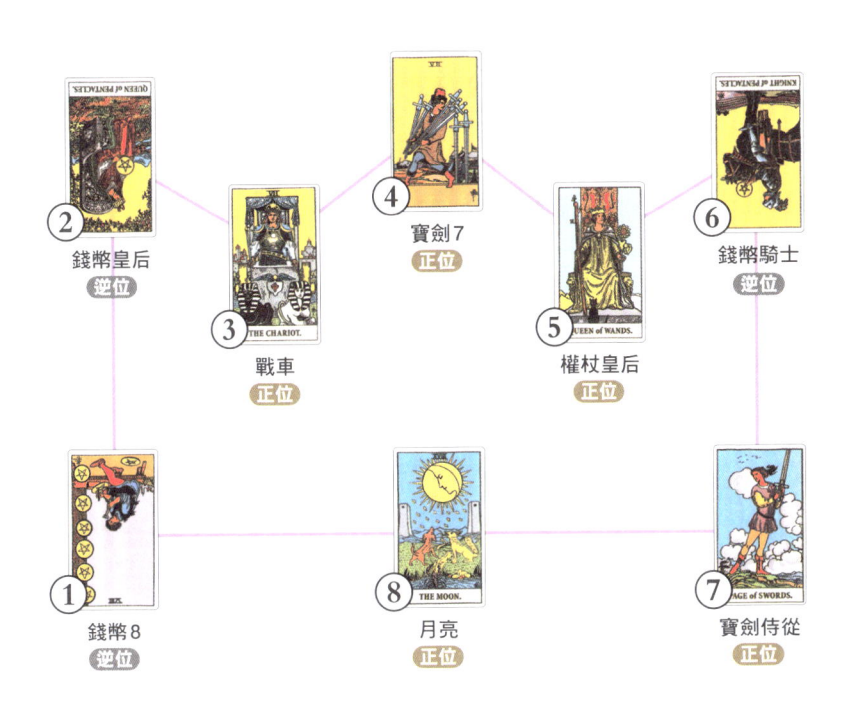

② 錢幣皇后 逆位
③ 戰車 正位
④ 寶劍7 正位
⑤ 權杖皇后 正位
⑥ 錢幣騎士 逆位
① 錢幣8 逆位
⑧ 月亮 正位
⑦ 寶劍侍從 正位

Answer
2
他的好意可能別有居心，認真交往或許會有困難

　　就③看來，對方似乎對問卜者抱有好感，或許很快就會發動攻勢，然而出現在④這張代表花心的牌卻讓人格外在意。⑤的牌同時也指性魅力，跟④合起來看的話，也可能代表對方動機不純。由於擔心會像②的障礙一樣變成只有肉體上的關係，問卜者最好保持⑥所指出的謹慎態度。因為在⑧看到的未來也令人擔憂，像⑦一樣一邊保持戒心，一邊仔細看清楚對方是個什麼樣的人，這樣說不定會比較好。

COLUMN 3

mimineko教你！
提升解牌技巧的小撇步②

這裡將針對解牌時，經常讓人疑惑「該怎麼解？」的狀況提供解方。

都是逆位牌的時候該怎麼解？

假如你翻到的每一張牌都是逆位，應該會擔心這是不是代表未來詭譎叵測，對不對？雖然這有時的確是指困難重重的情況或曲折複雜的未來，但我還是建議幫牌做一次淨化，或者換個問題試試看。就我自己的情況來說，每次都是在很累的時候翻到一堆逆位牌。總而言之，最好暫時不要占卜，讓牌好好休息吧！

都是宮廷牌的時候該怎麼解？

當翻到的都是又稱「人物牌」的宮廷牌時，代表這個問題或許有各式各樣的人牽涉其中，也可能是代指問卜者或占卜對象的各種精神狀態。不過在總共78張塔羅牌中，宮廷牌有多達16張，因此未必能一概而論。宮廷牌除了人物或心情之外，也有情況或方針的意思，所以要隨機應變地解讀牌義喔！

花色都一樣的時候該怎麼解？

我們偶爾也會遇到某一種花色在整個牌陣裡面占了絕大多數的占卜結果。這種時候，可以把花色的象徵意義想成是有關這個問題的建議或主題。譬如都是權杖的話代表「行動力」，都是聖杯代表「情緒」，都是寶劍代表「資訊或判斷力」，都是錢幣則代表「腳踏實地」。請配合每張牌的位置來解釋吧♪

同一張牌出現好幾次是什麼意思？

明明占卜的問題都不一樣，同一張牌卻一而再，再而三地出現了好幾次，這時，有可能是代表每個問題都隱藏著某種共通的癥結點。塔羅牌或許是想向你傳遞某種訊息，比如要給你強烈的警告。另外，也可能單純只是塔羅牌養成了某種「習慣」。遇到這類情況的話，也可以試著幫牌做一次淨化喔！

PART 3

從實際案例
掌握解牌技巧

從這裡開始，我們要來看看實際的諮詢案例。
mimineko我試著占卜了之前收到的戀愛諮詢，
裡面會介紹各種解牌的訣竅和線索，
請大家在親自動手占卜的時候參考看看。

案例 1　正在跟上司談婚外情的我，將來能獲得幸福嗎？

> 我和公司主管維持了三年的婚外情。是在知道對方已婚的前提下開始交往的。儘管我對破壞別人的家庭充滿罪惡感，但他的小孩年紀還小，和太太好像也沒有感情不睦的樣子。一連好幾天見不到面讓我很寂寞，想著既然這麼痛苦的話，還不如分手算了。雖然我也有在找其他的對象，但還是會忍不住拿他做比較，提不起興致跟別人交往。請問我要怎麼做才能獲得幸福呢？　　　　　　　　　　（28歲，單身）

SPREAD　單抽法　　　　　　　　　　　》》P 86

寶劍皇后
逆位

當成給問卜者的建議來解讀

　　由於交往對象已經有家室了，妳擔心繼續這樣下去會得不到幸福。這個對象一定是個很有魅力的人吧，我會在這樣的前提下繼續說明。首先，出現的牌是逆位〈寶劍皇后〉，代表格外嚴厲、絕不寬待，對事情充滿批判性的人物或態度。作為給問卜者的建議，塔羅牌說：「試著以銳利的眼光仔細看清楚這個人吧！」對方是在已經娶妻生子的情況下，跟年紀差不多該考慮結婚的妳交往了長達三年的時間。讓我們像是要在雞蛋裡挑骨頭一樣，從各種角度來看看這個人吧！不是看笑容親切、個性溫柔、做事可靠或長相帥氣這些表面上的東西，而是這個人更深層的本質。如此一來，妳也許就會有所改觀，對「他真的是很優秀的人」產生疑慮。塔羅牌說：「真正優秀的人，難道不是把對方的事當成自己的事，設身處地為對方著想的人嗎？」只要試著用嚴格的眼光審視對方，妳應該就會有所察覺了吧！

女皇
正位

THE EMPRESS.

再抽一張牌，收下有關新戀情的提示

　　我們再抽一張牌，試著進一步請教塔羅牌的建議吧！這次抽到的是正位〈女皇〉。這張牌彷彿在說：「妳是值得被愛的女性，一定會有適合妳的人。」妳更適合談一場可以像牌中的女皇一樣，表現得落落大方、堂而皇之的戀愛。雖然我不會說婚外情拉低了妳的身價，但是就像妳說自己「充滿罪惡感」一樣，至今為止，妳應該是帶著內疚的心情在跟對方交往吧？請妳談一場可以抬頭挺胸，大方承認「我正在跟這個人交往」、「因為我很有魅力，才會被對方好好珍惜」的戀愛。首先，請妳先好好愛自己喔！

> **mimineko 的建議**
>
> 重新審視對方會提升妳邁向下一段戀情的動力。
> 問卜者的判斷會幫自己帶來幸福。

Hint

單抽法就算只抽一次也會給出巨大的指引，不過也可以參照本案例，在得到第一張牌的答案之後，帶著「還想要更多建議」的心情再加抽一張。

PART 3 從實際案例掌握解牌技巧

案例 2　如何靠交友軟體找到自己的天菜？

> 我大概有 5 年沒交男朋友了，為了尋求新的邂逅，我開始使用交友軟體。我在上面認識了形形色色的男性，其中也有我的天菜，然而愈是這種對象，就愈難配對成功，而且就算見過一次面，往往也不會再約第二次了。不感興趣的人傳來的訊息，我姑且還是會回，但老實說，我真的沒什麼動力。請問怎麼樣才能在交友軟體上跟天菜發展到交往這一步呢？
> （32 歲，單身）

SPREAD　單抽法　　≫ P86

正義
正位

當成反省自身行為或心態的提示來解讀

　　從翻到正位的〈正義〉來看，我想妳應該是非常出色的人。妳其實對自己很有信心，而且也很受異性歡迎吧？或許正是因為如此，妳才會覺得：「除非是配得上我的人，否則我才不想跟他交往。」可以看出妳只顧著追求「配得上自己的人」，導致看人的眼光變得嚴厲，用條件判斷要不要交往。比起享受約會本身，難道妳沒有像個評審一樣，顧著幫對方打分數嗎？對方搞不好也是察覺到了這點，覺得不太舒服，所以才沒有再約第二次吧！雖然每個人都有自己追求的條件或喜好，但一定還是有魅力更勝於此。一個人無法從外表或頭銜看出來的優點、性格、幽默感或無意間顯露的豐富經驗等等，建議妳可以試著去注意這些地方。請不要用扣分制來評鑑對方，而是用一起享受當下的心態過相處時光。既然機會難得，就不要那麼嚴肅，不妨以輕鬆的態度善加利用吧！

命運之輪
逆位

再抽一張牌，接收關於未來的建議

為了繼續請教塔羅牌的建議，我們再抽一張牌。這次抽到逆位的〈命運之輪〉。在這張牌裡，我感知到「慢慢來、好好做、不要急」這個訊息。也許最重要的不是想著馬上發展到情侶關係的迫切心情，而是透過交友軟體，認識各式各樣的對象有哪些優點。當妳漸漸發現對方身上的優點時，你們的關係也可能會發生改變。即使沒有跟對方發展下去，見過許多人、了解各種生活方式、與他們對話交流，這些一定都會化為妳的經驗和魅力。把判斷「對方配不配得上我」的濾鏡關掉，認真了解他個人的個性或優點吧！俗話說「欲速則不達」，這才是讓你跟理想對象交往的最快途徑。

mimineko 的建議

> 別再像評審一樣觀察對方，
> 反省自己約會時的態度吧！
> 不要急著想發展到情侶關係，
> 請秉持好好認識對方的心態。

Hint

單抽法的關鍵在於視情況靈活解牌。在本案例中，我分別將第一張牌和第二張牌作為「為什麼不順利」以及「今後該怎麼做」的答案來解。

案例 3　我想結束僅止於肉體上的關係，和炮友告白的話會怎麼樣？

> 我有一個喜歡的人，不過我現在是對方的炮友。我想脫離這種關係，成為他名正言順的女朋友。雖然他好像沒有正在交往的對象，但是交友廣闊，也有很多女性朋友，所以或許還有其他人和我一樣，跟他是這種關係吧！我現在光是能見到他就已經很開心了，很怕告白會讓他感到沉重，聽到他說想結束關係。假如我鼓起勇氣對他表白的話，有機會從炮友晉升為女朋友嗎？　　　　　　　　　　　　　　　　　　　　（25歲，單身）

SPREAD 2　三張牌牌陣　　　　　　　　　　》P 90

① 過去 
高塔
正位

② 現在 
錢幣騎士
逆位

③ 不久的將來 
寶劍2
正位

發展成目前這種關係的原委和心境

　　這裡用的是三張牌牌陣（過去、現在、不久的將來）。從代表過去的①正位〈高塔〉看來，你們應該是順勢就發生了肉體關係的吧？就是因為妳喜歡他，才會被「能維持關係」這件事沖昏了頭，而且又不敢拒絕對方。但我認為「不是自己本來想要的關係」，以及「喜歡的人只想要自己的身體」這兩件事，應該讓妳覺得心如刀割。接著再看代表現在的②逆位〈錢幣騎士〉，反映出你們只是在拖延這段關係。妳希望對方以真誠的目光看待自己，然而現實卻事與願違。如果就過去和現在來看的話，妳應該比自己想的還要受傷。

到告白後的未來一系列發展過程

　　從代表告白後的未來③正位〈寶劍2〉來看，對方非常可能給出模稜兩可的答案。說不定會在不給出明確答覆，只是用幾句話輕輕帶過的情況下，試圖保持現在的關係。看來結果還是需要由妳自己做出決斷。〈寶劍2〉的女子蒙著雙眼，但她應該遲早會拆掉眼睛上的布條，正視自己的內心。如此想來，妳是不是也不想再繼續維持這段關係，讓自己受傷了呢？這個問題必須等妳自己想清楚之後再給出答案。是要繼續下去、告白並等候答覆還是要就此放棄？雖然我懂正是因為喜歡才會如此糾結，不過還是要請妳認真面對自己的心。

> **mimineko 的建議**
>
> 就算跟他告白，對方還是很有可能繼續裝傻並維持關係。
> 要是不想再繼續受傷的話，就好好正視自己的心情吧！

> **Hint**
>
> 除了牌義或關鍵字以外，我們還可以從牌的圖案找到線索。在這個案例裡，我把〈寶劍2〉的蒙眼女子想像成未來的問卜者來解牌。

案例 4 前男友變成跟蹤狂了！我該報警嗎？

> 因為受不了前男友對我的瘋狂束縛和精神虐待，我單方面提出了分手。後來，他會跑到我家門口埋伏，還一直打電話或狂傳訊息，非常嚇人。我和他有共同朋友，但我擔心跟朋友商量會讓他的仇恨變本加厲。雖然也有在考慮封鎖或搬家之類的方法，但他對我的工作地點和老家瞭若指掌，害我實在不知道該怎麼辦。請問我是不是要找警察或律師諮詢會比較好呢？
> （36歲，單身）

SPREAD 2　三張牌牌陣　　　》》P90

① 原因	② 結果	③ 建議
THE HANGED MAN	THE HERMIT	聖杯 III
倒吊人 正位	隱士 正位	聖杯3 逆位

了解原因，解讀後續會出現的結果

　　我試著用三張牌牌陣（原因、結果、建議）來占卜這個案例。為什麼前男友會變成跟蹤狂呢？我們首先來看原因，出現的是①正位〈倒吊人〉。可以看出因為被單方面地宣告分手，前男友的心情就這樣懸吊在半空中。既無從宣洩情緒，又無法自行消化，結果就演變成跟蹤狂的騷擾行為了。只不過，從代表結果的②正位〈隱士〉看來，情況應該會漸趨平靜。前男友的心情應該也會慢慢平復，反省自己不對的地方。雖然我知道妳很擔心，只要沒造成實際傷害，建議就不要理會，切莫輕舉妄動。即使收到聯絡也不要回應，靜靜撐過這段時間，我想他應該就會冷靜下來了。

從「建議」思考往後的因應對策

　　建議是③的逆位〈聖杯3〉。妳說你們有共同朋友，可是就這張牌看來，找人商量會是大忌。原因就和妳自己擔心的一樣，有可能變成火上澆油的結果。只要放著不管，對方的騷擾應該很快就會緩和下來，然而找人商量的舉動卻有可能再度點燃對方的怒火。儘管我了解妳的痛苦，就目前來說，最好還是別把事情公諸於世。前男友目前的騷擾行為是出於對妳的愛情以及不肯死心。不過，找共同朋友、律師或警察商量，說不定會讓他由愛生恨，導致情況變得更加複雜。只有這點還請妳要特別注意，靜待時間幫妳解決問題吧！

> **mimineko 的建議**
>
> 跟蹤狂的騷擾行為應該會逐漸趨緩。
> 為了防止前男友氣到抓狂，
> 就等時間來幫妳解決吧！

HINT

③的建議要根據②的結果來解讀。如果②是好的結果，③就是用來實現這個結果的建議；萬一②是不好的結果的話，可以把③當成用來避免這個結果的建議。

PART 3 從實際案例掌握解牌技巧

案例 5　和劈腿的前男友復合會有什麼結果？

5年前因為劈腿分手的前男友跟我聯絡，見了幾次面後，他說想跟我重新來過。我本來就很喜歡他，所以聽了非常開心，已經熟知彼此這點也讓我很有安全感，因此想積極考慮他的提議。只是，我還是忘不了他以前曾經劈腿的事實，很擔心會不會重蹈覆轍。現在開始交往的話，我也會考慮結婚，請問跟他復合會順利地走下去嗎？

（33歲，單身）

SPREAD 2 三張牌牌陣　　　　　　　　　　　　》P90

①	②	③
過去	現在	不久的將來
 KNIGHT of SWORDS.		
寶劍騎士	錢幣10	聖杯2
正位	正位	正位

藉過去到現在的發展，解讀對方的心理變化

本案例使用三張牌牌陣（過去、現在、不久的將來）。從代表過去的①正位〈寶劍騎士〉來看，對方給人的印象是「橫衝直撞」。可以知道他是會對自己每個當下的欲望如實做出反應的類型。我相信你們以前交往時，他對妳的追求一定也是直球進攻吧？同樣地，他只是覺得那個人有點不錯就採取行動，再加上「年輕氣盛」這個原因，結果就劈腿了。這些都可以從塔羅牌解讀出來。事情發生在5年前，代表他比現在還要年輕許多。當時的他可能沒有餘力考慮到妳的心情。然而，經過5年，在他說出「想要重新來過」的現在，出現了②正位的〈錢幣10〉，由此可見，他已經成為冷靜沉著的大人了。他作為一個人變得更加成熟，也許是這5年發生了什麼改變了他。可以感覺他經歷了很多事情，時而遭遇難關又加以克服，度過了扎扎實實的5年。而且在生活上也變得比較穩定，工作正在步上軌道，經濟方面似乎也相當不錯。或許他是在這種情況之下，萌生出「差不多該定下來了」的念頭吧！而此時他腦中浮現的那個人，正是因為自己犯下的過錯而錯過的妳。我能想像到對方也是煩惱多時卻仍然難以忘懷，於是才聯絡妳的。

從塔羅牌反映的「未來」決定要走的路

在未來的部分翻到了③正位〈聖杯2〉。妳說自己本來就很喜歡對方，由此可知，對方也同樣一直對妳念念不忘。感覺對方希望妳看看他長大後變得更成熟的模樣，並且胸有成竹地認為自己如今也有能力保護人了。假如復合的話，對方會以結婚為前提，對妳誠實以待。塔羅牌給出的答案是：雖然從前或許真的發生過劈腿的事實，但你們之間有強烈的情感連結，一旦復合就非常有可能結為連理。妳也說自己在聽到對方說要重新來過的提議時，是發自內心地感到開心，所以應該可以積極考慮交往的事。請試著認真面對花了5年成長茁壯的他吧！

> **mimineko 的建議**
>
> 無論過去如何，你們都有強烈的情感連結。
> 請試著相信脫胎換骨的對方，
> 再此牽起彼此的手並肩同行。

PART 3 從實際案例掌握解牌技巧

案例 6 我總是會拿現任和前任做比較，繼續交往真的好嗎？

> 我因為被交往多年、愛到不行的前男友甩掉而陷入低潮，後來透過朋友介紹交了新的男友。我很喜歡現任男友，卻總是忍不住在一些小事情上拿他跟前男友比較。前男友才不會要求AA制、前男友會有更多約會的點子、前男友自己有車，經常開車載我出去兜風⋯⋯。因為這樣會很對不起現任男友，所以我不會在態度上表現出來，可是我很煩惱繼續這樣交往下去真的好嗎？　　　　　　　　　　　　　　　（32歲，單身）

SPREAD 3　二擇一牌陣　　　　　　　　　　》P94

④ 選擇A後不久的將來 
寶劍侍從
正位

① A選項
權杖5
正位

③ 現在
權杖3
正位

② B選項
錢幣7
逆位

⑤ 選擇B後不久的將來 
寶劍6
逆位

仔細端詳不同選項的現在和未來並作為判斷依據

因為要比較兩個人選，這裡使用的是二擇一牌陣。首先看到代表現況的③，顯示妳對戀愛有很高的期待。我們將前任定為A選項、現任定為B選項吧！妳跟前任的價值觀應該非常雷同，他對妳幾乎是有求必應吧？或許是因為這個原因，妳才會無可避免地要求現任做到一樣的事情。

接著，我們來分析前任（A）的情況。就正位的〈權杖5〉看來，難不成你們是大吵一架就分手了吧？即使跟前任重修舊好，也許還是會發生口角或衝突。或者，對方也可能已經另結新歡、有了其他的心儀對象，以至於妳需要面對情敵。從妳的角度來看，可以想見這會是一場硬仗。我們試著看到選擇前任的未來會發生什麼事，出現了正位的〈寶劍侍從〉。對方好像對妳存有戒心。雖然願意跟妳見面，但大概不會正式交往。

我們繼續來看現任（B）的情況，這裡出現了逆位的〈錢幣7〉。他應該已經發現自己沒有滿足妳的所有期待了。雖然他自認為有用自己的方式做了各種努力，卻覺得這些都沒有傳達給妳，因而備感空虛。至於選擇現任會發生什麼事呢？就逆位的〈寶劍6〉來看，對方應該沒有分手的打算。可是你們的關係讓他鬱鬱寡歡，他想讓關係變得更好，還想設法解決價值觀不同的問題。

綜上所述，與其吃回頭草，我認為選擇現任才能獲得幸福。過去的就讓他過去吧！跟前任劃清界線、轉換心情，應該就能慢慢從現任身上找到他獨一無二的優點了。

> **mimineko 的建議**
>
> 請將與前男友的回憶畫下句點，
> 試著認真面對現任男友。
> 他正在為了妳拼命努力。

Hint

利用二擇一牌陣比較兩個選項時，我們很容易一看到正位，就認定那邊比較好。然而最重要的是從現狀、牌義以及牌面上的圖案等等進行綜合性的解讀。

案例 7　我透過婚友社認識了兩個對象，要選誰才會有好的結果？

因為想要小孩，很想趕快結婚，於是我加入了婚友社，在那裡認識了兩位男性。一個條件很好（高年收、高學歷、接受家庭主婦、有儲蓄、無須調職、老家在東京、不用與家人同住），可是比我大15歲，長相不是我的菜，老實說長得有點抱歉；另一個條件很差（低年收、低學歷、約聘員工、儲蓄少、老家在鄉下又是獨子、離過一次婚），但是對女生很有一套，長得也還算可以。請問我應該要選誰才好？　　　　（33歲，單身）

SPREAD 3　二擇一牌陣　　》P94

④ 選擇A後不久的將來 
權杖6　正位

① A選項
寶劍騎士　正位

③ 現在
教皇　正位

② B選項
聖杯2　逆位

⑤ 選擇B後不久的將來 
權杖5　逆位

— 128 —

仔細端詳不同選項的現在和未來並作為判斷依據

我們假設條件很好，比妳大15歲的男性是A好了。從①正位的〈寶劍騎士〉來看，A對妳很有好感。不但對妳印象極佳，更把妳當成未來的妻子候選人積極考慮。這樣看來，他說不定已經在追求妳了吧？從④的正位〈權杖6〉看起來，你們將來也很有可能會走入婚姻。而且，我還能看到A帶著妳跟身邊的人到處炫耀、因為娶到妳而樂不可支的模樣。妳應該也會因為達成結婚這個目標，得以鬆一口氣吧！

相較於此，我們假設條件比較差的男性是B。妳說B對女生很有一套，但若看②的逆位〈聖杯2〉，就讓我很好奇他到底是個什麼樣的人。他可能會在你面前偽裝自己，好讓妳眼中的他顯得更加優秀。在未來的位置出現⑤逆位〈權杖5〉，代表婚後可能會沒完沒了地爭執，或者是被捲入討厭的事。可以料想到兩個人互相傷害的負面情況。就我感受到的印象而言，跟B培養感情最好謹慎一點會比較好。

從現有的牌將A、B以外的選項列入考慮

考慮到上述的解牌結果，就結婚對象而言，A似乎略勝一籌。然而，最令人在意的是代表現在的正位〈教皇〉。感覺妳並沒有打從心底認同這個結果，彷彿在控訴：「真的這樣就可以了嗎？」我認為這應該是反映出妳內心的渴望，覺得不論選誰，自己的心都不會因此滿足。如果是因為想要小孩才想趕快結婚的話，只要選A應該遲早都能結婚，但妳心裡可能會有種空虛的感覺或是「這樣真的好嗎」的疑問。再加上代表選A的結果〈權杖6〉是一個人在遙望遠方的圖案。雖然有得到「結婚」這個結果的喜悅之情，但畫面上只有一個人物，看起來又像是雙方都只顧著考慮自己的心情。由於妳自己也有年齡上的壓力，與其說是想跟喜歡的人結婚，更像是把結婚本身當成了目標。妳心裡是不是充滿了肅殺之氣，變得缺乏情感了呢？我認為塔羅牌是在說：真正的妳其實是靈性很高的人，因此更適合能夠在更深層的部分產生連結或建立信任的人，不用急沒關係。

> **mimineko 的建議**
>
> 一定要選一個的話就選A。
> 不過，請妳試著正視自己的內心，
> 思考是否真的有必要急著現在就結婚。

PART 3 從實際案例掌握解牌技巧

案例 8　有個演員傳了曖昧的訊息給我，他真正的意圖是？

> 我去看了某位劇場演員的表演好幾次，還會在社群軟體上留言給他，結果對方就記得我了。在那之後，他開始在社群軟體頻繁私訊我，傳來一些像「妳在做什麼」、「我好想見妳」之類的曖昧訊息。我本身幾乎沒有什麼戀愛經驗，搞不清楚這些到底是在服務粉絲還是在表露情意。我不想用自己的真心去換絕情，請問他真正的意圖是什麼呢？
>
> （26歲，單身）

SPREAD　六芒星牌陣　　》P98

① 過去　聖杯10 逆位
② 現在　戀人 逆位
③ 不久的將來　死神 逆位
④ 建議　權杖3 逆位
⑤ 對方的心情　審判 逆位
⑥ 問卜者的心情　寶劍國王 逆位
⑦ 最終結果　權杖5 正位

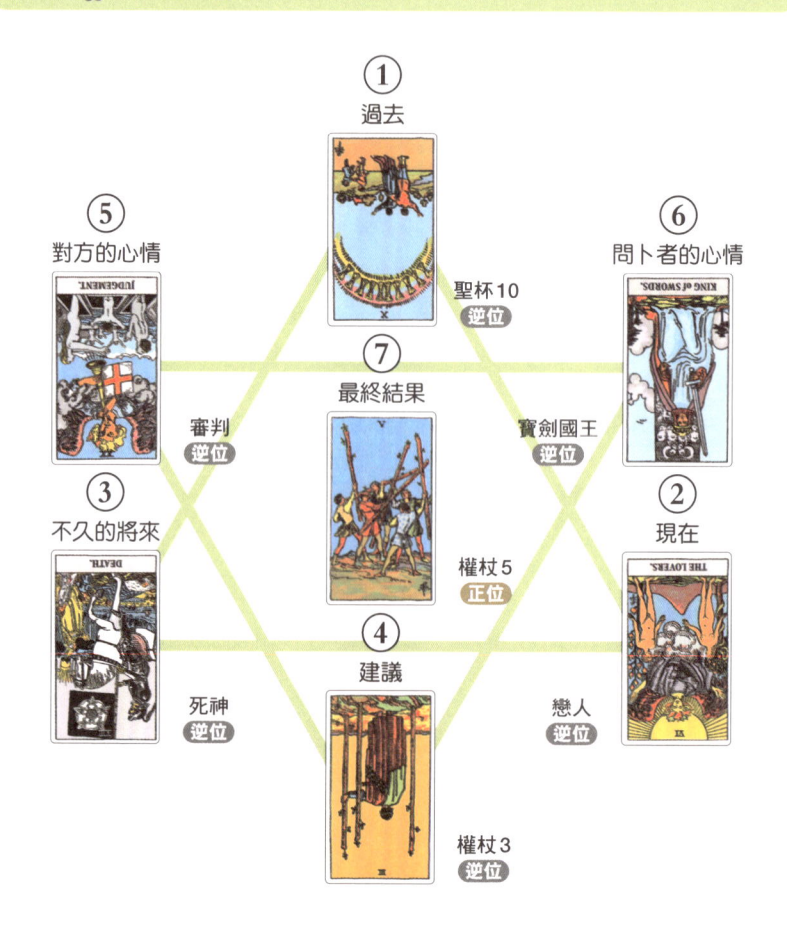

130

解讀過去、現在到不久的將來的演變過程

從過去到現在的發展看起來，顯示在妳感到平凡無奇、缺乏變化的日常生活裡，突然出現了「劇場演員」這個光鮮亮麗的存在。本來遠遠站在舞臺上的演員忽然開始跟妳聯絡，還說「好想見妳」，這樣的發展真的很令人心跳加速，對吧？不過，②是逆位的〈戀人〉，表示心情正處於搖擺不定的狀態。他真的對我有興趣嗎？還是只是隨便說說的呢？我猜妳內心某處八成覺得是後者吧？不久的將來出現③逆位〈死神〉，因此從②到③的走向來看，你們兩人之間或許很難建立持之以恆的關係。從③可以感受到難以死心、無法釋懷的狀態，所以就算跟這位演員實際見了面，也很有可能變成僅此一次的關係。

對照對方及問卜者兩方的心情

以兩人會碰面的假設來看代表建議的④，出現的是逆位〈權杖3〉。這張牌的意思是：雖然妳的愛意持續升溫，但對方可能只是一時的意亂情迷。畢竟也可能從此以後就斷了聯繫，要是不想用真心換絕情，好像不要見面會比較好。在表示對方心情的⑤逆位〈審判〉，可以知道對方是真心想見妳。但這是一張代表「不會再見」的牌，所以對方搞不好原本就打算只跟妳見一次面。看到⑥則顯示妳不敢掉以輕心，對事情嚴肅以待。妳應該也沒來由地覺得，事情不會照著自己的期望走吧？妳的疑心很重，正在冷靜地審視對方。在⑦的最終結果，我們可以得到以下結論：劇場演員的身分本來就會讓妳面臨眾多情敵，所以對方不會成為專屬於妳一個人的他。倘若妳認為與憧憬的對象發生一夜情也沒關係的話就另當別論，但妳重視貞操觀念，個性老實認真，給人愛惜自己的印象，應該不會做出特地對沒什麼希望的人投懷送抱的判斷吧？不過，聽到帥氣的演員說「想見妳」確實難得，所以我想妳這個人應該很有魅力。也許不見面才能把這件事當成宛如做了一場美夢的甜蜜經驗，留在美好的回憶裡吧！

> **mimineko 的建議**
>
> 有極大的可能會是一次性的關係。
> 放棄跟對方培養感情，
> 把這次經驗轉化成對自己的信心吧！

PART 3 從實際案例掌握解牌技巧

案例 9　就這樣決定帶著小孩再婚，真的沒關係嗎？

> 我是2年前離婚的單親媽媽。跟工作上認識的男性走近了之後，對方說想和我結婚。我們曾經帶著孩子約會過幾次，他非常疼愛我的小孩。可是我父母說，現在再婚還太早了，我自己也擔心這樣會讓每個月都要見爸爸（前夫）一次面的孩子感到混亂。而且，誰也不能保證他婚後真的會是好丈夫和好父親，所以我非常苦惱。請問我該怎麼做？
>
> （34歲，離過婚）

SPREAD 4　六芒星牌陣　　>>> P98

① 過去　寶劍8　正位
② 現在　寶劍2　正位
③ 不久的將來　錢幣騎士　正位
④ 建議　權杖6　逆位
⑤ 對方的心情　錢幣皇后　逆位
⑥ 問卜者的心情　戰車　逆位
⑦ 最終結果　教皇　正位

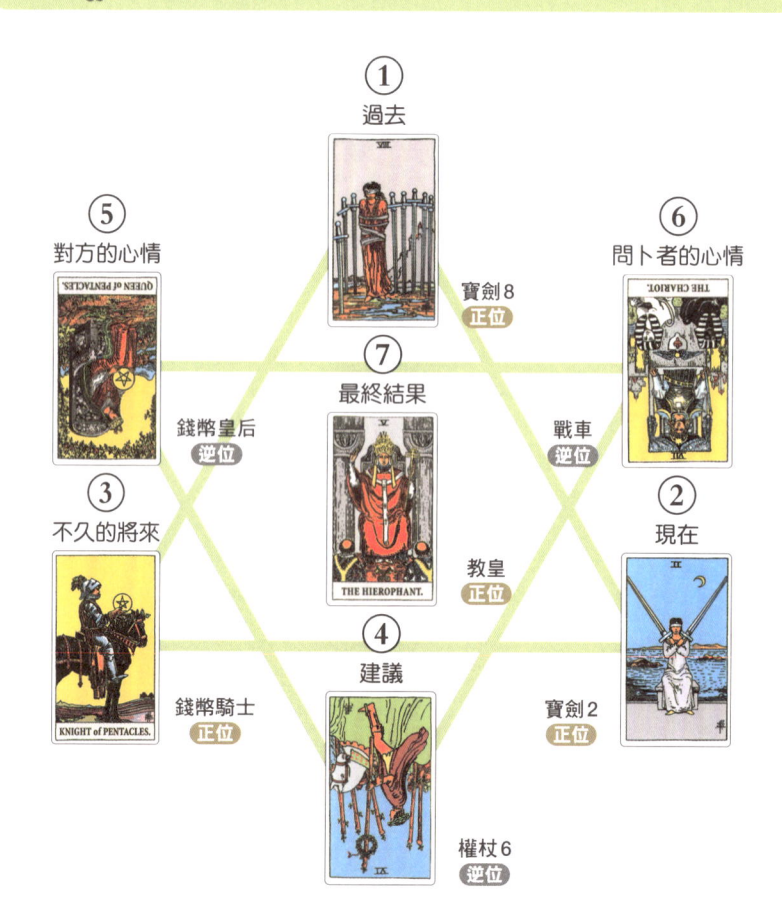

― 132 ―

解讀過去、現在到不久的將來的演變過程

從代表過去的①正位〈寶劍8〉來看，會知道妳一路走來非常艱辛。要自己獨力邊帶小孩邊上班，懷抱著想依靠誰卻無法如願的惶惶不安。目前的情況是②的正位〈寶劍2〉，顯示負擔正在逐漸減輕，但妳仍在為了該不該結婚左右為難。若看代表不久的將來的③，感覺這個對象有非常強烈的責任感。你們的關係會穩定發展，而妳應該也能在交往的過程中，對對方的誠意有愈來愈深刻的體會。

把⑤當成對方眼中的自己來解讀

從代表建議的④逆位〈權杖6〉看起來，結婚應該並非現在馬上就要決定的事。此時的妳強烈渴望能擺脫身為單親媽媽的沉重負擔，我覺得這才是妳想結婚的最大原因。而妳自己應該也很糾結到底該不該現在就決定廝守終生的對象。至於⑤的逆位〈錢幣皇后〉，我認為應該是指對方眼中所看到的妳。他好像很擔心妳在勉強自己，而且也感受到妳的心志堅定。對方之所以會說想要結婚，是因為他覺得妳很辛苦，很想為妳盡一份力。與此同時，他也覺得妳的心情好像沒有跟上目前的情況。從⑥可以看出妳想要一個飛撲用力抓住結婚這個大好機會的心情；但另一方面，卻又猶豫著這樣會不會太衝動了。預測最終結果的⑦出現了正位的〈教皇〉。因為在不久的將來③也能看見對方的誠意，從今往後，他還是會繼續支持妳的吧！婚後他的態度也會從一而終，跟現在別無二致，他是氣量寬宏的人，還請妳儘管放心。

就結論而言，與其說對方是因為愛妳愛到無法自拔才跟妳求婚，倒不如說是覺得結婚或許能幫妳減輕負擔，所以才求婚的吧？倘若妳向對方表明想把步調放得慢一點的話，對方一定會願意接受的。我認為妳大可仔細觀察周遭的情況、孩子的狀態以及自己的心情，多花點時間做決定。最重要的是建立雙方的信任，成為彼此無可取代的存在，之後如果要結婚也沒關係，以上就是塔羅牌想傳達的訊息。

---

mimineko 的建議

若心存迷惘就先別決定，
現在先穩穩地拉近距離吧！
相信對方誠摯的心意。

案例 10　和心儀的女生出櫃，坦承自己是雙性戀會發生什麼事？

> 我是雙性戀，現在有一個喜歡的女生。對方是我在念高中時認識的朋友，自從在共通朋友的婚禮上重逢之後，我們就經常見面，我真的好喜歡她。我猜對方大概喜歡男生，但我自己也是在被女生告白後才發現自己的性向，所以不禁期待她也會跟我一樣。要是我向她坦承自己是雙性戀，還把她視為戀愛對象的話，我們的關係會變成什麼樣子呢？
>
> （28歲，單身）

SPREAD 4　六芒星牌陣　　》》P 98

① 過去　錢幣皇后　逆位
② 現在　聖杯7　逆位
③ 不久的將來　聖杯6　逆位
④ 建議　寶劍9　正位
⑤ 對方的心情　寶劍2　逆位
⑥ 問卜者的心情　權杖A　正位
⑦ 最終結果　寶劍4　逆位

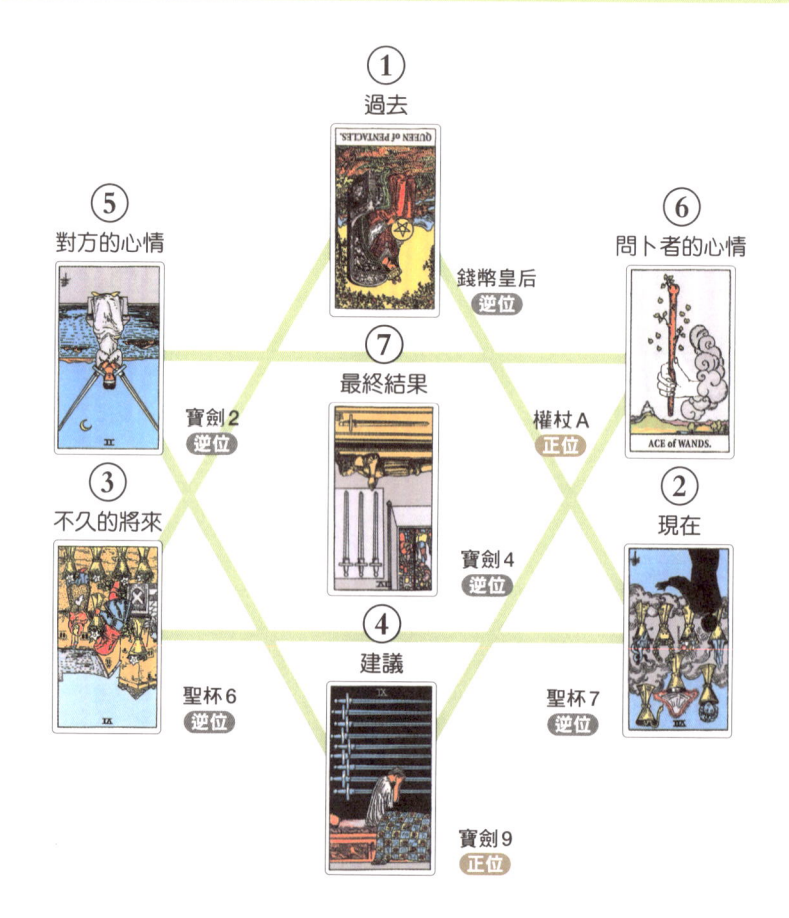

解讀過去、現在到不久的將來的演變過程

從代表過去的①逆位〈錢幣皇后〉看來，妳以前恐怕對這段戀情不抱期待，本來想當成專屬於自己的祕密藏在心底。到了②的現在，在跟對方見面的過程中，「不想要只是想想而已」、「想克服性別的障礙告白」等等，這樣的心情日益強烈。妳漸漸有了勇氣，覺得除非實際行動，否則就無從得知出櫃以後會有什麼結果。而出櫃後的不久的將來出現了③逆位的〈聖杯6〉，顯示妳心裡覺得「告白以後就回不去了」。這句話的語氣帶有一點「好像搞砸了」的感覺，所以對方或許不會給出明確的答覆也說不定。

從對方的心情與最終結果，解讀對方的反應

④的正位〈寶劍9〉乍看可能比較負面，但其實是在表達：「黎明將至，莫要灰心。燦爛的光芒很快就會灑在妳身上。」另外也有「後悔不會持續太久」的意思。代表對方心情的⑤是「動搖的心意」。她從沒想過妳會對她抱有這種情愫，所以才沒辦法馬上決定。然而她心裡似乎浮現了新的情感。正因為是初體驗，才會有各式各樣的情緒湧上心頭、錯綜複雜，令她百感交集，需要花點時間才能面對及整理這些情緒。問卜者的心情是⑥的正位〈權杖A〉，表示妳雖然對某些部分感到後悔，但依舊對鼓起勇氣告白的自己充滿驕傲。從代表最終結果的⑦看來，對方會花時間給出答覆。逆位〈寶劍4〉有「脫離常識框架」的意思，感覺會發生一場前所未有的革命。對方可能也會因為妳的告白，才發現自己其實是雙性戀。這張牌同時也是一張「覺醒」牌，表示她雖然做夢都沒想過自己會被女生告白，實際遇見卻讓她意識到新的感情，而她想要好好面對。也許妳們不會立刻開始交往，但兩人的關係會繼續下去，不會結束。這張牌還有另外一個意思是「慢慢前進」，只要別加以催促，體恤對方的心情緩步前行，應該就會找到屬於妳們的嶄新道路。

> **mimineko 的建議**
>
> 縱使告白會為妳帶來苦澀的回憶，
> 最後情況還是會往好的方向改變。
> 要不要相信這句話並試著去做呢？

案例 11　母胎單身的我好想結婚，該怎麼做才好？

> 我今年35歲，從來沒有跟男生交往過，又因為求學過程讀的都是女校，所以甚至連男性朋友都沒有。身邊朋友大多都已經結婚生子，讓我漸漸開始覺得有點著急。因為跟父母一起住在老家，幾乎照三餐被關心將來的規劃，令我苦不堪言。就算要找對象，我也擔心沒經驗會讓對方感到尷尬，所以不敢踏出一步，儘管如此，我還是很想跟男生交往、組建家庭。
>
> （35歲，單身）

SPREAD 5　凱爾特十字牌陣　》》P102

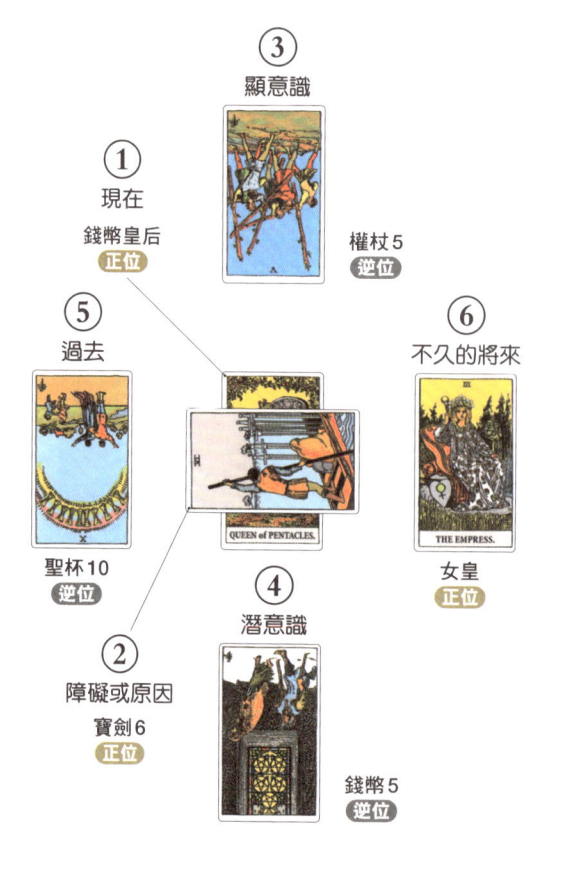

① 現在　錢幣皇后　正位
② 障礙或原因　寶劍6　正位
③ 顯意識　權杖5　逆位
④ 潛意識　錢幣5　逆位
⑤ 過去　聖杯10　逆位
⑥ 不久的將來　女皇　正位
⑦ 問卜者的立場　權杖皇后　逆位
⑧ 周圍的情況　錢幣2　逆位
⑨ 願望或擔憂　錢幣10　逆位
⑩ 最終結果　寶劍2　逆位

從時間的推移以及潛、顯意識來解讀情況

首先，我們從代表現在的①正位〈錢幣皇后〉開始看起，能感覺到妳因為住在老家，在經濟上多了餘裕，與家人之間關係良好，對現況感到心滿意足。出現在障礙的是②正位〈寶劍6〉。雖然妳說自己很想結婚，但其實只是非結婚不可的壓力給了妳這種感覺，妳真正的想法難道不是「不想從這裡出發（離開老家）」嗎？妳應該覺得目前住在老家的生活很舒適吧？就顯意識的③看起來，妳似乎把結婚或者跟男性相處都視為「又累又麻煩的事」。至於潛意識的④則是在擔心婚後得放放棄目前的生活，導致生活水準降低。不過妳應該也很清楚，既然要結婚，就必須連帶做好這樣的覺悟。從⑤的過去看來，妳大概一直被父母捧在手掌心，不愁吃也不愁穿，而且也從來沒缺過零用錢吧？若看⑥不久的將來，對結婚有過高的理想可能會妨礙妳認識對象或走入婚姻。

注意出現在整個牌陣的花色

看到⑦也會覺得，妳是在父母的嬌生慣養中長大的掌上明珠。這張牌顯示妳雖然有被人所愛的自信，卻因為年齡上的問題心急如焚。而過去從來沒機會跟男性交往應該也是令妳感到擔憂的主要原因。接著看到代表周圍情況的⑧，從妳的角度看來，身邊似乎沒有半個男性能打動妳。不管見到誰都不會心跳加速，覺得他們一個個都配不上自己。代表願望的⑨跟另外幾張牌的花色都是錢幣，可見妳對經濟方面非常講究。除了財力的部分之外，對方的工作地點、畢業學校和家世背景可能都是令妳在意的地方。倘若對方的身家和妳的出生並不相配，說不定就不會認同對方。預測最終結果的⑩是逆位〈寶劍2〉，代表遲遲沒出現妳看得上眼的人，或者妳本人對結婚這件事興致缺缺。只是聽了父母的話，莫名覺得自己必須結婚，但很可能四兩撥千金地帶過這個話題，就這樣繼續留在老家。反正在現代社會，要選擇不結婚這條路也很容易，既然能在優渥的環境裡過著衣食無缺的生活，那麼在出現能讓妳自然想要結婚的好對象之前，或許不用著急也無所謂。

---

mimineko 的建議

若在衡量結婚與目前的生活之後，
覺得後者比較重要的話，
就沒有必要急著結婚。
請妳捫心自問：「我是真心想要結婚嗎？」

案例 12 我發現先生在外面偷吃，應該果斷跟他離婚嗎？

> 我們夫妻結婚8年，沒有小孩。我發現先生正在跟職場的下屬搞外遇。我偶然看到他們互相傳訊息的聊天紀錄，便質問先生，他說會跟對方解除關係，向我道了歉。但是當我問他是否打算繼續維持這段婚姻時，他卻說自己沒有資格決定，交給我全權定奪。我對他很有感情，此前的婚姻生活也相當平順，所以很猶豫到底該重新建立關係還是該跟他離婚。
>
> （39歲，已婚）

SPREAD 5　凱爾特十字牌陣　　　》P102

① 現在　錢幣8　正位
② 障礙或原因　錢幣皇后　逆位
③ 顯意識　女皇　逆位
④ 潛意識　聖杯國王　正位
⑤ 過去　世界　逆位
⑥ 不久的將來　聖杯3　逆位
⑦ 問卜者的立場　錢幣10　正位
⑧ 周圍的情況　戰車　正位
⑨ 願望或擔憂　隱士　正位
⑩ 最終結果　聖杯騎士　正位

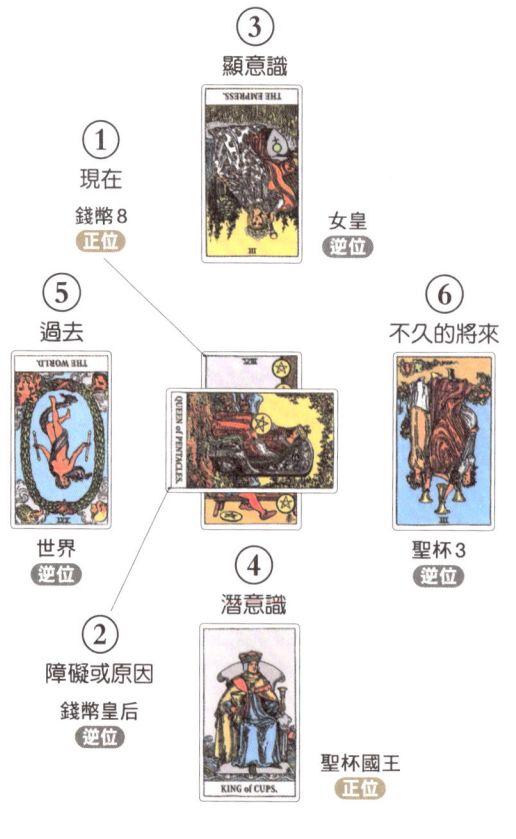

138

從時間的推移以及潛、顯意識來解讀情況

從代表現在的①看來，或許也有結婚8年這個原因，最近比起自己的先生，妳似乎把更多注意力放在工作或興趣上面。在這樣的情況下，妳發現了對方外遇，而代表障礙的②也出現了一張令人聯想到小三的牌。只不過，牌陣整體給人光輝燦爛的印象，能藉此一窺你們物質充裕、沒有絲毫不便的婚姻生活。先生應該原本就很愛妳吧？我認為潛意識的④正位〈聖杯國王〉指的是妳的先生。他心胸寬廣、個性溫厚，說不定為妳付出了許多的愛。從顯意識的③看來，妳應該也對自己總是依賴他的愛情和溫柔有所自覺，同時卻也認為自己在提升女性魅力上不夠努力。儘管妳現在備受打擊，從④看來，妳不但很愛他、敬佩他，更從他身上得到安心、舒適等等的感受。而且過去的⑤又是〈世界〉，感覺你們應該是一對人人稱羨的神仙眷侶，過著幸福美滿的婚姻生活。但由於這是一張逆位牌，代表妳心裡或許把這種無憂無慮的生活視為理所當然了。從不久的將來⑥看起來，「萬一對方又外遇的話怎麼辦？」這種疑神疑鬼的心情可能還會再持續一段時間。

把「周圍的情況」當成對方的心情來解

縱然如此，⑦卻顯示你們不但在金錢上遊刃有餘，就精神上的意義來說，過去累積的種種也成了你們的寶貴資產。代表妳先生心情的⑧是正位〈戰車〉。就跟黑白的人面獅身獸一樣，他這個人是非分明，說要跟對方解除關係的那句話應該所言不假。而從⑨來看，會發現妳自己也想繼續維持婚姻生活。只是受到了非常嚴重的打擊，所以想要一個人靜下來好好想想。除了譴責先生的不是以外，妳似乎也想要反省自己。最後的⑩是正位〈聖杯騎士〉，表示他會用滿滿的誠意來對待妳。雖然可能多少有點一成不變，但透過這次的事情，他應該深刻體會到妳的重要性了吧！我猜他可能會邀請妳來一場讓兩人重溫新婚當時的浪漫約會。而且一定會把他需要妳、非妳不可的心情傳達給妳。

PART 3 從實際案例掌握解牌技巧

> **mimineko 的建議**
>
> 妳先生對妳的愛是貨真價實的。
> 他會好好反省，改過自新，
> 所以不妨繼續守住現在的生活吧？

案例 13 找不到好對象，徵偶到心好累，但我還是想在今年內結婚！

> 我一直很努力在嘗試徵偶，但最近開始覺得有點挫折。在交友軟體上以為處得不錯的人突然就封鎖我了；在聯誼派對上遇到的人只在我說話時露骨地表示嫌惡；相親時又總是遇到一堆過於被動、只會點頭附和的對象，處處碰壁真的讓我心灰意冷。即使如此，我還是想設法在今年之內結婚，請提供一些建議幫助我打起精神。請問我能夠在一年之內結婚嗎？
>
> （33歲，單身）

SPREAD 6　天宮圖牌陣　　　》》 P106

⑪ 11個月後的運勢　寶劍2　逆位
⑩ 10個月後的運勢　審判　正位
⑨ 9個月後的運勢　錢幣6　正位
⑫ 12個月後的運勢　世界　正位
⑧ 8個月後的運勢　寶劍5　正位
① 1個月後的運勢　寶劍3　正位
⑦ 7個月後的運勢　錢幣侍從　正位
⑬ 建議　寶劍8　逆位
② 2個月後的運勢　寶劍皇后　逆位
⑥ 6個月後的運勢　寶劍騎士　正位
③ 3個月後的運勢　權杖國王　正位
④ 4個月後的運勢　寶劍A　正位
⑤ 5個月後的運勢　聖杯4　正位

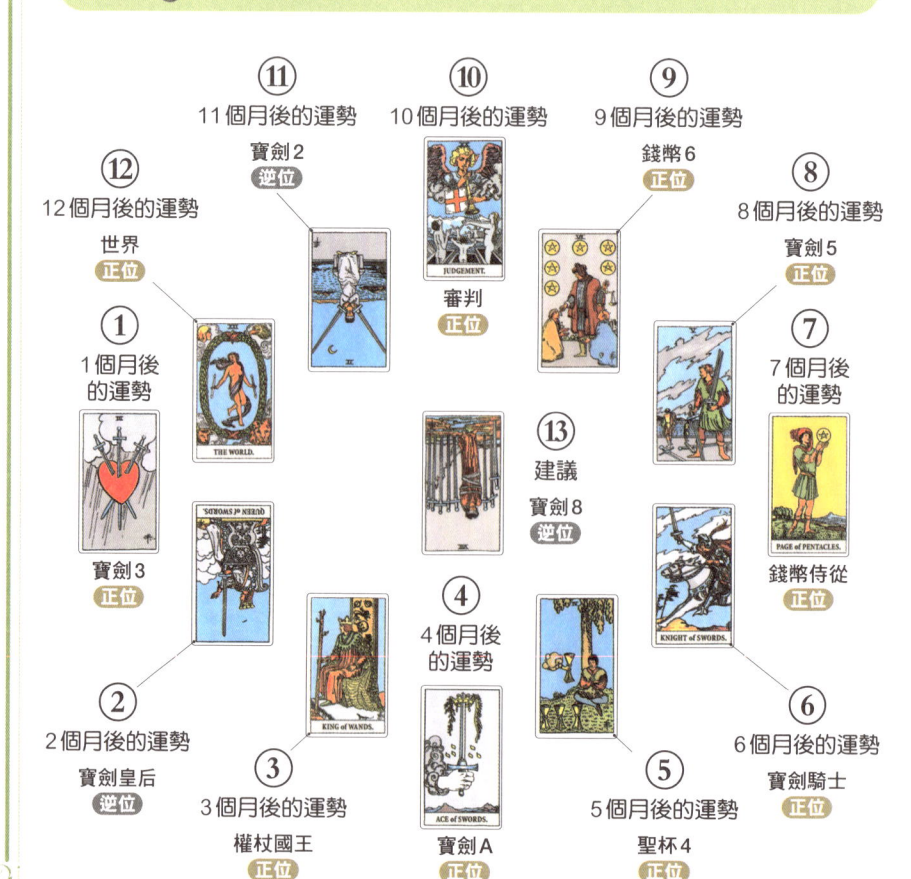

縱觀一整年的結果再進行解牌並預測走勢

因為妳說自己心灰意冷,所以①還處在傷心的狀態。這時與其採取行動,不如先養好心裡的傷。就算在②遇到新的對象,妳也會表現得過於認真,整個人非常暴躁,跟不上自己的情緒反應。③是正位〈權杖國王〉,感覺會有新的邂逅,對方是經營者或立於頂點的人,自信洋溢且極具魅力。到了④妳會積極向這個人展開追求。雖然競爭激烈,但妳依然勇往直前。⑤的時候妳可能會萌生退意,容易產生負面想像,譬如覺得即使追求在③遇到的對象也不會有戲,所以稍微休息一下吧!⑥和⑦會進入桃花期,有預感會認識新的對象。在⑥遇到的人或許會對妳發動猛烈攻勢。對方是個既聰明又很會配合氣氛的人。⑦暗示的對象應該要用比較低調不起眼的方式示愛。他的年紀比妳小,有種認真嚴肅的氣質。就這兩人給我的印象,⑦比⑥更顧慮妳的心情。到了⑧妳可能會無法決定要選⑥或⑦,於是乾脆都不選,或以「雙管齊下」的方式分別跟兩人約會。輪到⑨時,妳也許會收到某人告白,這個人可能是⑥和⑦的其中之一,也可能是後來遇到的其他對象。然而,⑩卻出現了代表「復活」的牌,代表妳可能會跟③遇到的人或前男友破鏡重圓。感覺在⑩復合的對象才是妳的真命天子。走到⑪的時候,妳似乎會面臨煩惱。比起在復合對象和⑨之間舉棋不定,更可能是一對多的關係進展不順或不能好好拒絕而陷入窘境。這時說謊也很容易被拆穿。⑫是正位〈世界〉。妳很可能平安度過⑪的危機,跟這一年內遇到的對象談婚論嫁。⑬的建議是逆位〈寶劍8〉。妳從第六個月開始會進入勢不可擋的桃花期,請不要錯過這個大好機會。但是用半吊子的態度交往,可能會把自己逼到走投無路,後悔莫及。做事按部就班才是最重要的!

> **mimineko 的建議**
>
> 過去為徵偶傷透腦筋的妳,
> 將會在未來一年看見希望、開闢道路!
> 請不要白白浪費這次的相遇。

Hint

出現大阿爾克那或小阿爾克那的Ａ的月分有很重要的主題。此外,若出現的牌有某種特徵,例如傾向某個花色或多是宮廷牌時,也請試著注意這些地方。

案例 14　交往後男友就變得非常冷淡，我該和他分手嗎？

明明我跟男友是因為他的猛烈追求才在一起的，可是對方的感情熱度卻在無形中降到了冰點。他非但不會主動提議說要約會，就算我約他，他也只會回答：「那些我不了解，沒興趣。」完全就是「不幫釣上來的魚餵餌」的類型。他平常也不會向我示愛，而且明明我都已經29歲了，他卻好像根本沒在考慮結婚的事。請問他是不是已經不愛我了呢？若是如此，我很猶豫要不要分手。　　　　　　　　　　　　　　　　　（29歲，單身）

SPREAD 7　浪漫皇冠牌陣　　》》P110

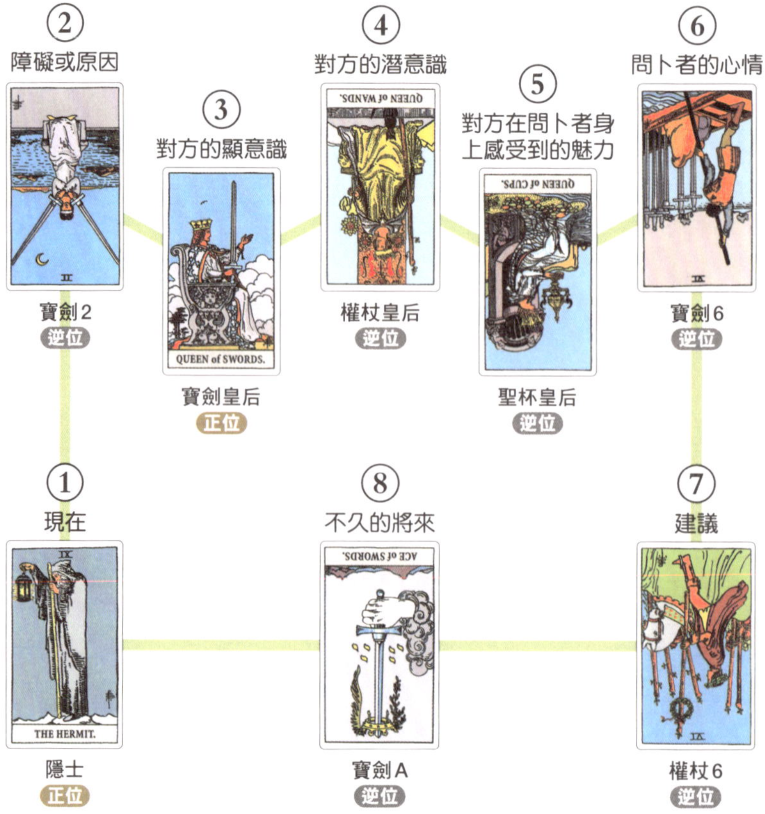

② 障礙或原因 — 寶劍2 逆位
③ 對方的顯意識 — 寶劍皇后 正位
④ 對方的潛意識 — 權杖皇后 逆位
⑤ 對方在問卜者身上感受到的魅力 — 聖杯皇后 逆位
⑥ 問卜者的心情 — 寶劍6 逆位
① 現在 — 隱士 正位
⑧ 不久的將來 — 寶劍A 逆位
⑦ 建議 — 權杖6 逆位

142

線索就藏在代表對方心情的那幾張牌裡

①的正位隱者反映出妳那句「不幫釣上來的魚餵餌」，簡直形容得太貼切了。雖然他很滿意可以和妳交往，可是就②的逆位〈寶劍2〉來看，你們根本就沒有在互相溝通。妳和他給人的印象都是不善於表達愛情，沒有在向彼此互訴情意。不過厲害的是，③、④、⑤這幾張代表對方心情的牌都是皇后，雖然其中也有逆位牌。對他而言，可以跟妳交往是很開心的事。不過如③所示，他眼中的妳似乎比他原本以為的還要嚴肅。就④看起來，他本來期待妳是個很有包容力的人，但實際上的妳意外認真、在乎細節，讓他覺得反差很大。假如看⑤的話，我想他應該是把交往前的妳看成了這張牌的正位。說不定他覺得你們在交往之前的相處還比較自在。至於他對妳的印象在交往後變成逆位的原因，我認為是在於妳對「每週要約會一次」、「每天都一定要互傳訊息」這些「情侶該有的樣子」充滿堅持。然而這點好像跟對方不拘小節的戀愛風格有些出入。

對自己的心情產生覺察，好好利用塔羅牌的建議

從⑥看來，妳正在糾結該不該分手，但就跟⑦顯示的結果一樣，妳對他一定還是有感情的，這張牌想告訴妳：「要對被他追求並選中自己的事實抱持自信。」⑧是逆位的〈寶劍A〉，而從對方的角度出發的③也是〈寶劍皇后〉。這兩張牌都舉著寶劍，可以解釋成「不要用這把劍自掘墳墓」，因此最好不要提到太多瑣碎的事。對方對這段戀情心滿意足，基本上只要跟妳在一起就很開心了。縱使沒有表現出來，他對妳的心意也是如假包換，所以希望妳對自己有信心。塔羅牌說：「談戀愛並非照本宣科，不是只有跟在連續劇或社群媒體上看到的一模一樣才叫情侶。」在對方的戀愛觀裡，比起頻繁地出去約會，他或許更想悠閒地待在房間，在雙方都有空的時候隨興碰面。即便你們的價值觀有這麼大的落差，妳依舊還是很喜歡他，既然如此，就先試著從主動走近對方開始做起吧！這樣對方一定也會開始尊重妳的。

---

mimineko 的建議

你們兩人的確是情投意合。
妳也要主動示愛、走近對方！

案例 15　夫妻關係因無性生活而不穩，有辦法改善嗎？

> 我跟從學生時期開始交往6年、結婚3年的老公是無性夫妻。我們平時感情很好，也常常旅行或一起外出。可是，晚上他從不主動邀我行房，即使我先開口，他也會用一句「很累」來拒絕我。我們在婚前同居到結婚第一年為止都還有性生活。他已經不把我當成那種對象了嗎？還是他在外面另結新歡了呢？因為也差不多想考慮生小孩了，請問我該怎麼辦？
>
> （30歲，已婚）

SPREAD 7　浪漫皇冠牌陣　　》 P110

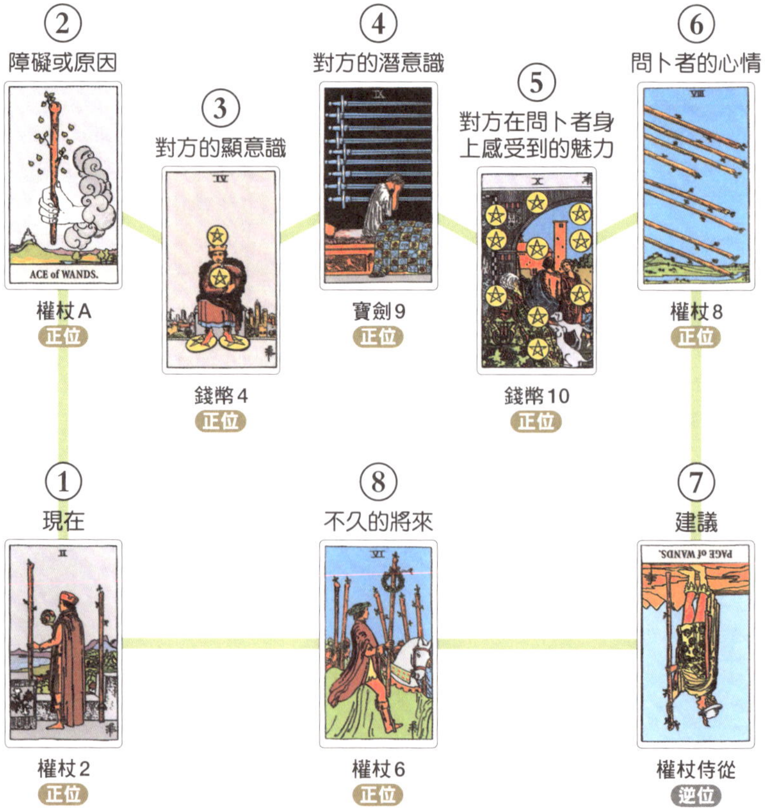

② 障礙或原因 — 權杖A　正位
③ 對方的顯意識 — 錢幣4　正位
④ 對方的潛意識 — 寶劍9　正位
⑤ 對方在問卜者身上感受到的魅力 — 錢幣10　正位
⑥ 問卜者的心情 — 權杖8　正位
① 現在 — 權杖2　正位
⑧ 不久的將來 — 權杖6　正位
⑦ 建議 — 權杖侍從　逆位

解牌時，也要注意牌陣的整體印象與牌的圖案

我們先看代表現在的①正位〈權杖2〉，妳說你們雖然現在是無性夫妻，但平時感情和睦，表示他往後還想跟妳一起走下去。除了無性生活以外的部分應該都還算圓滿。縱觀整個牌陣也沒有需要擔心他在外偷吃的牌，請儘管放心。只不過，出現在②障礙的〈權杖A〉也代指男性生殖器。感覺妳對他的索求可能成了他的壓力。代表先生顯意識的③顯示他完全不想跟妳分開，認為妳是只屬於他、無比珍貴的另外一半。因此即使是當無性夫妻，他也絲毫沒有離婚的打算。

代表潛意識的④是一個人坐在床上抱頭苦思的〈寶劍9〉。看來他因為無法回應妳的要求而飽受折磨。可能是工作或其他方面的壓力，造成他沒有行房的精神和力氣；或是從前發生在兩人床笫間的小事，在他心中埋下了陰影，導致他喪失了身為男人的自信。即便他沒有向妳坦承一切，還是能知道無法滿足妳讓他感到無地自容，為此深陷於煩惱之中。然而⑤呈現的結果卻是他視妳為最佳伴侶，想跟妳組成幸福美滿的家庭，一輩子永不分離。他似乎也有打算以後要生小孩，而孩子的母親當然除了妳之外不做他想。

放眼不久的將來並善用建議

從⑥來看，妳心裡是不是有想要控制對方的想法？不但制定了生育計畫，又因為已經結婚3年，覺得差不多是時候有個小孩了。這點或許就是妳和先生的想法有出入的地方。假如看代表建議的⑦逆位〈權杖侍從〉，會產生「妳愈是邀請他，他就愈有壓力」的印象。被拒絕的一方有多難過自不用說，但請妳也要想到，無法回應期待的一方也很痛苦，不要著急，順其自然吧！⑧不久的將來顯示妳先生會逐漸找回自信心。當工作上的壓力逐漸減輕，與工作有正相關的雄性自信也隨之復活，無性生活的問題就會慢慢得到解決了。我想你心中應該也有自己描繪的未來藍圖，但是不要著急，更不要催促對方，用隨遇而安的態度去面對吧！

---

mimineko
的建議

**你們的夫妻關係終究會得到改善，
所以現在先不要給先生壓力，
請相信他並耐心等待。**

案例 16　我單戀小自己16歲的男生。他對我是怎麼想的？

> 我在興趣使然下參加的葡萄酒課程認識了一個小我16歲的單身男性。我們的興趣都是葡萄酒，彼此也很聊得來，於是我漸漸愛上了他的人品。我們會頻繁地互傳訊息，也曾經兩個人一起吃飯。關係應該還算不錯，但不確定對方有沒有把我當成戀愛對象。假如我主動出擊的話，他會很反彈嗎？請問他對我是怎麼想的呢？
>
> （48歲，單身）

SPREAD 7　浪漫皇冠牌陣　　　》》P110

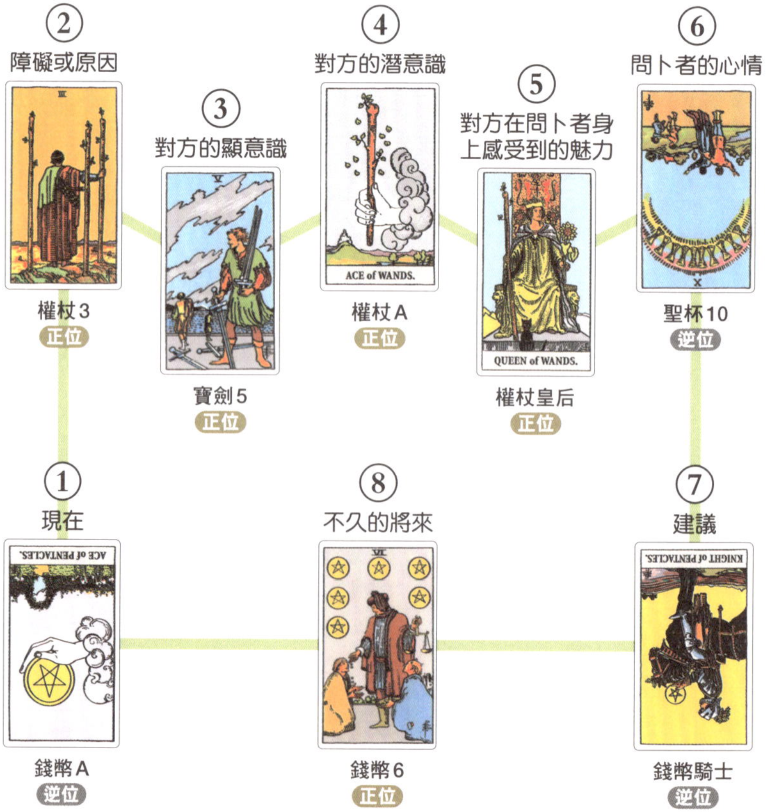

② 障礙或原因 — 權杖3 正位

③ 對方的顯意識 — 寶劍5 正位

④ 對方的潛意識 — 權杖A 正位

⑤ 對方在問卜者身上感受到的魅力 — 權杖皇后 正位

⑥ 問卜者的心情 — 聖杯10 逆位

① 現在 — 錢幣A 逆位

⑧ 不久的將來 — 錢幣6 正位

⑦ 建議 — 錢幣騎士 逆位

考慮到對方的心情，把「建議」當成提示

就代表現在的①逆位〈錢幣A〉來看，明顯反映出妳對這段戀情的消極想法。我認為這張牌呈現的是妳擔心這段戀情不會有發展性的不安，以及因為自己年紀比較大而產生的自卑感。相反地，代表對方心情的③和④分別是正位的〈寶劍5〉以及〈權杖A〉。由此可見，對方對妳的態度非常積極，突顯了他想盡辦法要和妳有更多交集，還想把妳占為己有的想法。再加上⑤這張牌表示「充滿魅力的女性」，而且〈權杖皇后〉還有「年長女性」的意思。看來對對方而言，大16歲這點反而有加分效果。可以想像他從同齡人沒有的性感嫵媚及穩重氣質感受到魅力的模樣。然而，⑥是逆位的〈聖杯10〉，能看出妳對這段戀情裹足不前的態度。妳很在意年齡差距，我認為這點跟①的現狀是一致的。可是⑦的逆位〈錢幣騎士〉在對妳說：「這段戀情很有可能朝著現實的方向發展下去。」話雖如此，比起由妳火力全開地發動攻勢，倒不如像〈權杖皇后〉般泰然處之，營造出從容不迫的氛圍。代表障礙的②也顯示要「積極行動」。此外，妳在提問時也說過不確定該不該主動出擊，這張牌也能解釋成最好不要，讓對方用他的步調來帶領妳就好。若從表示不久的將來的⑧正位〈錢幣6〉來看，對方或許意外在金錢方面相當寬裕。對將來的發展應該也不必感到悲觀吧！對方是喜歡由自己主動的人。約會時會幫妳付錢，還會熟練地帶領妳前進，被他告白的未來或許指日可待啦！請妳要對自己有信心。

> mimineko 的建議
>
> 不必在意年齡的差距。
> 妳那宛如〈權杖皇后〉般雍容華貴的態度，
> 映在對方的眼中充滿魅力。

HINT

請注意③、④、⑤這幾張表示對方心情的牌。在本案例中，這三張牌很有一致性，但有時也會出現完全不連貫的結果。遇到這種情況時，可以想成是對方也在迷惘糾結。

PART 3 從實際案例掌握解牌技巧

COLUMN 4

mimineko 教你！
為他人占卜時要注意的地方

這裡統整了為親朋好友占卜時必須多加留意的重點。

◆◆◆◆◆◆

祈禱對方的幸福

　　我在P79也介紹過，自己在占卜時很重視「祈禱」。替別人占卜時，請發自內心祈禱對方的幸福吧！為他人占卜是非常消耗能量的事。偶爾我們也會在聽對方傾訴煩惱的過程中，接觸到一些不太好的意念。祈禱當然是為了對方好，但同時也是為了蓋一座保護自己的防護罩，請各位一定要試試看喔！

梳理對方的提問

　　要求別人幫自己占卜的人，大多心裡都有難以釐清的複雜情緒盤根錯節，有時候甚至連當事人自己都看不清煩惱的本質。遇到這種情況，就要邊梳理對方說的話邊繼續進行。訣竅在於點出對方的真正期望，例如：「妳對男友心存不滿，但其實還想繼續交往下去，對不對？既然如此，我們就來占卜改善關係的方法吧！」

讓對方也參與其中

　　為他人占卜時，既然機會難得，不妨邀請對方參與過程，這樣更能享受到占卜的樂趣喔♪而且這麼做還會讓被占卜的一方脫離被動，更容易湧現「自己的命運要自己掌握」的極積態度。可以請對方幫忙洗牌、決定牌的上下方向，或者詢問對方是否要採用逆位。請用雙方都能接受，並且樂在其中的方法試試看吧！

牌的方向以你為準即可

　　設置牌陣時，跟替自己占卜的時候一樣，順著自己看出去的方向擺牌就可以啦！有些占卜師也會配合客人觀看的方向設置牌陣，但假如不習慣的話，很容易就會搞錯擺牌的順序或正逆位的方向。只要以口述的方式說明牌義，等到需要時再拿著牌說明即可，請各位用自己比較好操作的方式來占卜吧！

PART 4

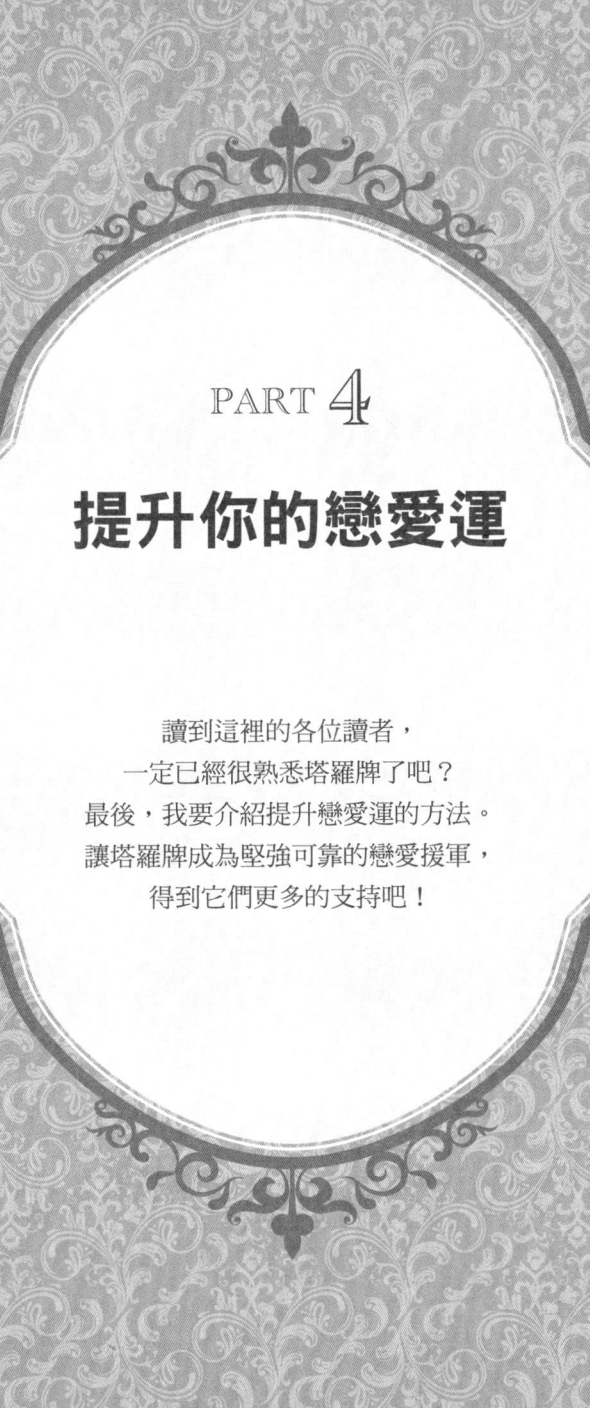

提升你的戀愛運

讀到這裡的各位讀者，
一定已經很熟悉塔羅牌了吧？
最後，我要介紹提升戀愛運的方法。
讓塔羅牌成為堅強可靠的戀愛援軍，
得到它們更多的支持吧！

如何將塔羅牌做成護身符？

這裡將介紹借助塔羅牌的力量，
幫助你提升戀愛運的方法。

為什麼塔羅牌會變成護身符？

歷史悠久、從遙遠的時代開始就被普羅大眾認定「哪張牌有什麼意思」的傳統塔羅牌蘊藏著源自於集體意識的能量。與此同時，塔羅牌還有一段被當作「護符」（Talisman）使用的歷史。因此，將塔羅牌以護身符的形式化為助力，就能大幅提升戀愛運！為了激發塔羅牌的守護能力，這裡將介紹塔羅牌與花朵、能量石的搭配組合。效果比單純用塔羅牌當護身符還要更強，請一定要試試看喔！

用塔羅牌做護身符的注意事項

1
當作護身符的塔羅牌一定要出自從來沒用過的全新牌組。已經拿來占卜過的牌就算淨化也還是會有意念殘留，不適合用來當成護身符。

2
其中一個重點是要避免在許願時提到特定的人物或專有名詞，像是「希望可以和○○交往」等等。不要過於執著才是心想事成的關鍵。

3
負面的願望是大忌。宇宙的絕對法則是自己的所作所為終究會回到自己身上。對護身符許願時，請注意只能用正面的話來說。

4
護身符會因為你下定決心要變得幸福，並且為此付諸行動而發揮效力。它會對你積極向上的潛意識產生影響，給予「幫助」。

聲援你的戀情 塔羅牌與花朵的關係

　　花會滋潤我們的心靈並提供療癒。其實 mimineko 我有華道（日本傳統插花技藝）教授等級的資格證書。過去曾立志要進入花藝世界，還隻身一人遠赴法國深造。在這段經驗裡，我發現花和人一樣都有豐富的個性，對自己的能力有所自覺。花朵的能量相當纖細，能輕而易舉地深入我們的潛意識裡。將這樣的花朵和塔羅牌的能量組合成絕配，就可以提升戀愛運啦♪

作法

1 請參考次頁，配合目的準備特定塔羅牌以及鮮花。
※ 每天一定都要幫花換水，偷懶不換可能會導致花釋放出負面的能量。

2 在心裡默念次頁介紹的「魔法咒語」，並將塔羅牌和花放在一起當成裝飾，或者把拍下來的照片設為手機待機畫面。

3 每天向裝飾在房間或待機畫面裡的花和塔羅牌說聲「謝謝」，表達內心的感謝。只要這樣就能接收到來自花朵的應援能量啦♪

支持戀愛的心 塔羅牌與能量石的關係

　　礦物早從紀元前開始就被人類當成護身符或神靈附體來崇拜了。這是人們相信礦物擁有神奇力量的證明，時至今日，礦物亦被稱作「能量石」（power stone）廣受歡迎。我自己也非常喜歡能量石，喜歡到甚至開了一家店。就連起初對能量振動存疑的員工，也開始每天接觸能量石來提升自己的運氣。塔羅牌和能量石都有影響潛意識的能力，結合這兩者便能應用在提升運氣的魔法上！

作法

1 請參考次頁，配合目的準備特定塔羅牌以及淨化過的能量石。
※ 能量石不論打磨加工過的石頭或原石都沒關係。

2 在心裡默念次頁介紹的「魔法咒語」，將塔羅牌和能量石一起裝在小包包裡隨身攜帶，或者把拍下來的照片設定成手機待機畫面。

3 請每天對塔羅牌和能量石說聲「謝謝」，表達內心的感謝。只要這樣就可以從能量石接收到提升運氣的能量喔♪

塔羅牌 × 鮮花的搭配

想認識新對象的時候

命運之輪 × 白色非洲菊

魔法咒語
「我將接受命運的安排。」

〈命運之輪〉代表相遇。白色非洲菊有希望的意思，組成圓形的花瓣恰似車輪。白色也有啟程或可能性的能量，適合用在想尋求邂逅的時候。

想告白的時候

太陽 × 乒乓菊（一種菊花）

魔法咒語
「我將收下幸福並回饋他人。」

〈太陽〉的牌上畫的是向日葵，但準備告白時，最適合配戴靈力在花草界數一數二的菊花。乒乓菊既時尚又可愛，可以汲取它的能量。

想知道對方心情的時候

聖杯2 × 粉紅鬱金香

魔法咒語
「我已經做好知曉真相的準備了。」

〈聖杯2〉代表互相理解。聖杯的形狀看起來也像一朵鬱金香。具備誠實愛情能量的粉紅鬱金香會輕擁對方，促使他敞開心扉。

想復合的時候

審判 × 藍色康乃馨

魔法咒語
「我會相信並體現永遠的愛。」

藍色康乃馨誕生於研發結果。白色代表「我的愛是活生生的」，把白色的花染成藍色，使其熠熠生輝，並搭配象徵重新開始的〈審判〉實現復合的心願。

約會的時候

戀人 × 紅色玫瑰

魔法咒語
「我有愛人與被愛的價值。」

代表怦然心動的〈戀人〉與紅色玫瑰最適合滿心期待會有浪漫展開的你。保證會讓你們有滿滿的愛情能量，度過甜蜜的約會時光。

希望愛情長長久久的時候

世界 × 蝴蝶蘭

魔法咒語
「我的魅力將擄獲世上萬物。」

常作為賀禮的蝴蝶蘭有強韌的生命力，成串的花朵令人聯想到「持續不斷」。只要搭配代表終點的〈世界〉，鐵定能讓對方產生「不想放手」的念頭。

塔羅牌 × 能量石的搭配

想要坦率一點的時候

節制 × 海藍寶石

魔法咒語
「我會敞開心胸與重要的人產生連結。」

海藍寶石一如其名蘊藏著海洋的能量，會提供宛若置身於大海之中的療癒。搭配代表和諧的〈節制〉能幫助你舒緩心靈，找回坦率的一面。

想放下嫉妒的時候

正義 × 煙晶

魔法咒語
「我身處在安心舒適的世界。」

煙晶帶來自信，讓你有堅強的心。搭配代表對等關係及冷靜沉著的〈正義〉，就會安撫嫉妒心，引導情緒歸於平靜。

想變得魅力動人的時候

女皇 × 草莓晶

魔法咒語
「做自己就會讓我充滿魅力。」

表示「有魅力的女性」的〈女皇〉以及象徵愛與美的草莓晶是激發魅力的最強搭配。草莓晶同時也是會促進女性荷爾蒙作用的能量石。

想積極面對戀愛的時候

星星 × 紫水晶

魔法咒語
「我會談一場美好的戀愛實現夢想。」

紫水晶又名「愛情守護石」，會幫助你忘卻過去的創傷或擔憂。與象徵希望的〈星星〉搭配在一起，最適合想積極面對戀愛的你！

想鼓起勇氣的時候

戰車 × 石榴石

魔法咒語
「我有克服萬難的能力。」

象徵勇往直前的態度與決心的〈戰車〉，以及具備積極能量的石榴石。石榴石會強化愛人的心，為想要獲得什麼的人賦予勇氣。

想徹底遺忘難以忘懷的戀情時

權杖A × 粉紅蛋白石

魔法咒語
「我一定會遇見真正的人生伴侶。」

粉紅蛋白石會賦予你前進的力量並帶來邂逅。與代表開始的〈權杖A〉搭配，應該能夠幫助你清算舊愛，召喚嶄新的戀情。

PART 4 提升你的戀愛運

塔羅牌 × 花朵 × 能量石
祕密魔法──「水晶陣」

在這裡，我將傳授名為「水晶陣」（Crystal Grid）的魔法，作為使用塔羅牌、花朵以及能量石的應用教學。水晶陣就好比是一種用能量石排列而成的魔法陣，以能量石排列出幾何圖形，為空間帶來神聖的能量振動，以幫助我們實現心願。在礦石、花朵的能量以及塔羅牌義的加乘效果之下，具有淨化和實現願望的功效！一般的作法是直接從水晶陣汲取能量，但是有很多人會因為水晶陣的強烈振動而出現不適感。因此這裡要介紹的方法，是替完成的水晶陣拍下照片，從照片中汲取能量。讓我們一起活用水晶陣的魔法吧！

水晶陣的範例

◀使用能量石與花朵的範例。像這樣在水晶陣的四周點上蠟燭，也有幫助礦石能量增幅的效果。

▶使用雕刻神聖幾何圖形的木盤範例。只要用這種木盤或桌巾，照著上面的圖案擺放能量石，就可以做出美麗的水晶陣。

154

∶POINT∶

水晶陣為什麼有效？

　　這是因為把能量石跟帶有正面涵義的塔羅牌放在一起，兩者的能量便會合而為一，產生好的能量振動；再加上如信手拈來般放置能量石的行為本身會影響潛意識，可以直接吸收來自能量石以及塔羅牌的能量。水晶陣在日本還不太普及，不過在海外卻是博得廣大民眾支持的作法。

　　要注意的地方在於，水晶陣偏向魔法的範疇。因此若是把做好的水晶陣一直放著不收起來，可能會消耗自己的能量或造成身體不適。拍照不但可以把能量存在手機螢幕裡，還能多看幾次來接收水晶陣的能量喔！

要準備的物品

☐ 沒用過的塔羅牌（占卜用的塔羅牌不可用於水晶陣）
☐ 各種不同尺寸的能量石（滾石、水晶柱、碎石等）
☐ 自己喜歡的小花或花瓣（沒有花也能設置水晶陣）
☐ 桌巾或木板（要是乾淨且沒有花紋的）
☐ 鼠尾草或水晶音叉（如果有的話）

滾石
研磨去掉銳角的小石頭。

水晶柱
結晶呈柱狀且頂端尖銳的水晶。

碎石
介於約1公厘～2公分大的細碎石塊。

PART 4 提升你的戀愛運

設置水晶陣的方法

1 淨化場域，
準備神聖的空間

在想設置水晶陣的地方鋪上乾淨的桌巾或木板。設置水晶陣相當於打造一個神聖空間。因此要避免將塔羅牌和能量石直接放在地上。有鼠尾草或水晶音叉的人，請用這些工具淨化場域。我也很推薦用丁夏淨化。要注意的是，設置水晶陣的時間請選在太陽出來的白天而非晚上。

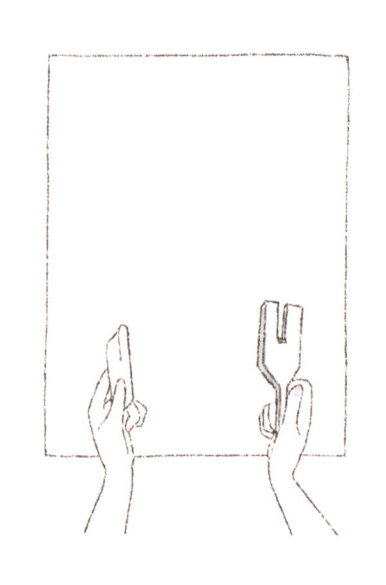

2 把適合願望的牌
放在中間

首先，請將對應願望的牌放在中間。可以參考P152-153的內容，也可以看著牌義解說，挑選一張適合願望的牌。若為後者，也請選擇有正面涵義的牌。

※原本的主流作法是把焦點石（雷姆利亞水晶、骨幹水晶或晶中晶等具有特殊意義的礦石）擺在水晶陣中間，但本書介紹的方法是用對應願望的塔羅牌。

3）一邊想著願望或目的，一邊擺放能量石和花

　　以中心的塔羅牌為基準，想像牌的能量透過能量石放射出去，一個接著一個將能量石擺在牌的四周。擺放的方式沒有限制，請相信自己的感覺，信手拈來地排出美麗的水晶陣吧！如果有準備花的話，請試著以花朵點綴。在擺放的過程中想著自己的願望或目的。水晶一定會把力量借給你的！

◆ 擺放時的重點

- 能量的流向是由高到低。因此請將尺寸較大、高度較高的能量石放在靠近牌的地方，並隨著距離拉遠愈放愈小，這樣就能做出順暢的能量通道了。
- 遇到頂端尖尖的礦石（水晶柱），能量會往尖端的方向移動。因此請將尖端朝向水晶陣的外側。
- 我也很推薦大家參考曼陀羅或神聖幾何。此外，把能量石排成漩渦狀也有很棒的效果。逆時針是將能量向外輸送，順時針是將能量向內集中，請配合目的妥善運用。

4）拍下水晶陣的照片汲取能量

　　擺好水晶陣之後，請用手機或其他工具拍下照片。我也建議可以把照片設定成手機待機畫面。拍完了就馬上把水晶收起來吧！（水晶陣會釋放強烈能量，因此這麼做是為了預防能量造成身體不適。）盯著拍下來的照片或對著照片默念心願，便可以借助水晶陣的能量提升運氣。

每天一張牌！提升戀愛運的塔羅占卜

我們可以隨手占卜出提升當日戀愛運的關鍵字！
會用到的牌只有22張大阿爾克那，請用單抽法抽一張牌吧！
此占卜不需要考慮逆位。

編註：[1]日本JR鐵路公司發行的5日套票；[2]葛粉製成的日式甜點；[3]源自日本佛教的素食料理。

	顏色	物品	食物	地點	時尚風格
0 愚人	白色	腳踏車、青春18車票[1]	百貨公司的試吃品、泡泡糖	廣場	特色鮮明的服裝
I 魔術師	黃色	鑰匙	無國界料理	美術館、庭園	手鐲
II 女祭司	冰藍色	手帕	湯豆腐、葛切[2]	美術館、庭園	和服
III 女皇	洋紅色	梳子	放滿水果的西式甜點	高級飯店、SPA	合身的衣服
IV 皇帝	紅色	擦亮的鞋子	牛排、涮涮鍋	展覽、銀行	正式服裝
V 教皇	水藍色	漱口水、消毒紙巾	精進料理[3]、薄荷冰淇淋	神社寺廟	不易看出身體曲線的衣物
VI 戀人	粉紅色	唇膏	巧克力、有玫瑰香氣的茶	貓咪咖啡廳、可以看夜景的地方	迷你裙
VII 戰車	銀色	旅遊書	三明治、飯糰	都會區、講堂	靴子
VIII 力量	芥黃色	專業書籍	親手做的菜	公園、充滿豐富大自然的地方	色調沉穩的服飾
IX 隱士	咖啡色	老相冊	蕎麥湯麵、菜粥	家裡、隱藏酒吧	長大衣
X 命運之輪	彩虹色	時鐘、飛鏢	Buffet	摩天輪	有花紋的衣服

顏色
從塔羅牌聯想到的顏色。試著攜帶這種顏色的物品或用在穿搭上吧！

物品
從塔羅牌聯想到的物品。可以隨身攜帶、購買或是觸摸。

食物
從塔羅牌聯想到的食物。試著應用在當天要準備的菜色或外食的選擇上吧！

地點
從塔羅牌聯想到的地點。請在決定當天的約會地點或外出計畫時作為參考。

時尚風格
從塔羅牌聯想到的衣著打扮。請在考慮當天的穿搭時搭配看看。

	顏色	物品	食物	地點	時尚風格
XI 正義	紺色	眼鏡、黑白棋	日式定食	電影院、觀賞相撲比賽	氣質高雅的穿著
XII 倒吊人	灰色	啞鈴	梅干、大蒜	牙醫、腳底按摩	褲裝
XIII 死神	黑色	熱水袋	小魚乾、可樂	能觀賞日出的地方	騎士外套
XIV 節制	薄荷綠	戒指	櫻桃	水族館、河川、大海	寬鬆的洋裝
XV 惡魔	紫色	香水	垃圾食物	酒吧、熱鬧的街道	高跟鞋、動物花紋的衣服
XVI 高塔	深灰色	派對遊戲	黑暗火鍋	鬼屋	閃電造型的飾品
XVII 星星	馬卡龍黃	夢想筆記	果凍、軟糖、金平糖	演唱會場、時裝秀	有亮片的衣服
XVIII 月亮	白金色	香氛蠟燭	白巧克力、香草茶	浴室	有荷葉邊的連身睡衣
XIX 太陽	金色	貴金屬、會發光的東西	咖哩飯、芒果、香蕉	遊樂園、露營區	泳衣、短褲
XX 審判	紫丁香色	骨董小物、蛇蛻下來的皮	白稀飯	教堂	雪紡材質的衣服
XXI 世界	玫瑰色	發給大家的糖果	一口小點	宴會場、KTV	會搖晃的耳環或耳夾

PART 4 提升你的戀愛運

番外篇 讓你更愛自己、為人所愛的方法

最後，mimineko 我要介紹可以在情路上暢行無阻的妙招。
只要一個念頭，你的戀情就會扶搖直上！

阻礙你情路的「無價值感」

我們每個人都是戴著一頂看不見的皇冠出生的。可是在無形之中，許多人都忘了皇冠的存在，覺得「不拼命努力就得不到認可」、「這樣的自己毫無用處」，以為自己沒有任何價值。明明你一直都是天生的完美傑作。要是抱著這種心情去談戀愛，就會覺得自己配不上對方，為這樣的自己感到抱歉，勉強自己、反過來向對方索求自己沒有的東西、依存對方、不願敞開心扉、無法相信對方，或選擇離開重要的人。這樣情路要走得順也不容易吧？

我們本來就是愛自己的

愛自己其實易如反掌。因為你其實已經愛著自己啦！你透過吃飯、睡覺和呼吸維生。你是因為自己才得以擁抱生命。為了讓能下意識呼吸，不會為了吃飯感到困擾，你真的做得很好了。你之所以存在，是因為真正的你愛著自己。只要意識到這點就足夠了。即使曾經鑄下大錯，讓你想要斥責自己，在那個當下，你一定也活在這個世界上。就連想著「我這個人真是爛透了」的那個瞬間，「真正的你」依然愛你，認為你是有價值的存在，使你得以維持生命。

認同最真實的自己才會拓展情路

　　我們本來就愛著自己。就算有哪裡較差、哪裡奇怪，也請你要認同「這就是我」。為了做到這點，別再為了提升自我價值而勉強自己，把自己真正想做的或喜歡的事擺在第一優先。如此一來，你跟他的感情也會不可思議地一路順遂。當然除了戀愛之外，人際關係亦是如此。

　　若要說原因的話，是因為你不再幻想自己有哪裡不夠好。「想與他共度快樂時光」、「想和他相互扶持，彼此勉勵」、「想讓他露出笑容」，以這種純粹的心情度過日常生活，不僅會得到對方的愛，還會開始發生開心的事。只要認同原原本本的自己，傾聽內心的聲音，所有事情都會朝好的方向發展，願望也會更容易實現。因為現在的你就已經很完美了，只要停止尋找自己的不足之處，人生本就會過得一帆風順。請務必把這句話銘記於心喔！

10種讓你更愛自己的方法

1

選擇時,盡可能選擇真正的想法

　　當我們選擇時,經常會壓抑真正的心聲。像是「我想要這件洋裝,可是好貴喔,還是選便宜的好了」、「我今天想在家好好休息,但拒絕人家的邀請不太好,還是去吧」等等諸如此類的情況。儘管有時候是真的莫可奈何,但如果總是這樣,長此以往,你心裡的另一個自己就會鬧起彆扭。假如覺得最近好像做什麼都不太順利,那就是另一個自己在大聲抗議,要你聽他說話的信號。請你傾聽自己真正的心聲,跟另一個自己重修舊好吧!

2

減少對著手機、電腦或電視的時間

　　在社群媒體普及的現在,我們比以前更容易對別人的意見或反應耿耿於懷。不必要地想表現出好的一面、對螢幕中某個人的生活方式或容貌身材感到自卑……你是不是就這樣不知不覺少掉了許多面對自己心情的時間呢?繼續這樣下去,你會搞不懂自己真正的願望或心聲,選不出要走的路。遇到這種時候,就跟媒體保持一定的距離,和自己說說話吧!看是要寫寫日記、不帶手機隨便走走,或是好好泡個熱水澡都行。請偶爾切斷來自外部的訊息,保留跟另一個自己促膝長談的時間。

想像頭上有一頂看不見的皇冠

　　我在P79的「占卜前要做的一件事」也介紹過這個方法。或許大家會覺得，想像皇冠又有什麼意義呢？然而，正因為是你，所以才配得上這頂皇冠。皇冠是國王或女王才會配戴的特殊頭飾，對不對？而你自己也是最適合這頂皇冠的特殊存在。請想像頭上有一頂皇冠，藉此提醒自己：「你從出生開始就是最完美的傑作了！」

想像自己沐浴在皇冠灑落的光輝之中

　　請你想像有一道絢爛奪目的光束，從上述的皇冠灑下，落在自己身上。這道光會將你團團包圍，把你溫暖地擁入懷中。實際上，打從出生開始就已經是最特別的你，總是無條件沐浴在愛情的光芒之中。請想像從皇冠灑下的美麗光束感受這份溫暖吧！

輕聲低喃：我生來就是最完美的傑作

　　你從呱呱墜地的那一刻起就是特別的存在。快要忘記這件事情時，請一定要試試看這個咒語！無論是犯下某種失敗或過錯的時候，還是被別人瞧不起的時候，你永遠都是「天生的完美傑作」。愈痛苦的時候，愈要試著輕輕念出這句話。這個魔法咒語會幫你想起自己的價值，使你神奇湧出能夠再次前進的力量。

6

無所事事或虛擲光陰

　　活在忙碌的現代社會，我們傾向把「不事生產的行為」視為浪費時間。比方說一直發呆，回過神才驚覺已經過了好幾個小時，這時候我們會產生罪惡感，覺得今天一事無成，白白浪費了一整天。不過，什麼都不做、只是一味發呆的時間，是幫助你深度療癒的重要過程！不特別做些什麼的這種「無所事事」的時間，其實會讓你大獲豐收，帶來滿足。請務必容許自己擁有能「無所事事」的寶貴時光喔♪

7

原諒消極的自己

　　要是能隨時保持在樂觀開朗、積極正向的狀態就好了，但我們畢竟是人，所以偶爾還是會情緒低落。這時你是不是會勉強自己，覺得不可以有這種情緒，必須打起精神來才行呢？想消沉的時候，你大可盡情消沉。因為你的心比任何事情都更重要。不管是有如爛泥般的負面情緒、讓身邊的人擔心或氣憤難平，你的價值都絕對不會因此降低。因為消極的你也是你啊！無論何時，你都是最棒的。不要否定自己的情緒，客觀地自我檢視，這樣心情就會得到淨化，慢慢沉澱下來。只要誠實面對自己的心，自然就會覺得周遭又變得一片光明啦！

8

別再為了提升自我價值而勉強自己

明明每個人生來都有自己的價值，我們卻常常忘了這件事，在無形中強迫自己，覺得必須提升自我價值、做出會被認可的行動才行。請試著對原原本本的自己所具備的價值表示肯定，極力減少為了其實不想做的事拼命努力的情況。取而代之的是把時間花在喜歡或想做的事情上。我也很推薦你將滿心期待、很想嘗試看看的事情列成清單喔！

9

遠離討厭的或不合適你的

這跟上一個方法也有關係，你有沒有不小心選了自己其實不喜歡的對象、地點或工作的經驗呢？這些有可能是產生罪惡感或自我評價低下的原因。然而，能在真正意義上珍惜你的人只有自己。鼓起勇氣，遠離那些讓你心生排斥或不適合你的，選擇能放鬆心情或怦然心動的事物吧！

10

把小時候想聽到的話說給自己聽

回顧孩提時代，每個人應該都有這些想法：「希望媽媽當時站在我這邊」、「其實我很想被人誇獎」、「希望他對我說愛我」⋯⋯。請把小時候想從別人口中聽到的那些話說給現在的自己聽。「我好愛你」、「最喜歡你了」、「你是我的寶貝」、「沒關係」、「保持現在的樣子就好」。住在你心裡那個年幼的自己一定會很開心的。

這種時候該怎麼辦？
Q & A

就讓 mimineko 來回答
大家對塔羅牌的疑問吧！

Q 塔羅占卜的「未來」指的是多久以後？

A 大概是一～三個月後。

塔羅牌適合用來占卜距今不久之後的將來。一般認為塔羅占卜所揭示的「未來」，是大約一～三個月後會發生的事。只不過，我們並不能一口咬定這個未來就是絕對。請記得自己在占卜後的所作所為可能會導致時間點前後顛倒或改變未來。

Q 牌給我的靈感跟書上說的不一樣耶……

A 請以自己的感覺為重！

這樣一點問題都沒有喔！mimineko 我在 YouTube 上解牌也多半是依循直覺，而非跟著參考書照本宣科。因為每一本書的牌義說明不盡相同，解牌結果也會因占卜師而異。所以說，你大可重視牌給你的印象，以自己腦中浮現的靈感為優先。

Q 要怎麼保養塔羅牌呢？

A 塔羅牌也要做好淨化喔！

塔羅牌的淨化非常重要！可以跟淨化空間一樣，使用鼠尾草或水晶音叉。此外，在牌堆上放一塊水晶，接受滿月的月光照射也很有效。不慎弄髒時，如果是防潑水加工的牌，可以用泡過鹽水並擰乾的毛巾擦拭。要完全晾乾才能收起來喔！

Q 塔羅占卜要在什麼時間點進行比較適合？

A 除了深夜，隨時都行。

只要有想占卜的感覺，基本上什麼時候都沒關係。只不過，我不建議在三更半夜。因為深夜容易產生負面情緒，非常有可能會在看了結果後不必要地萎靡不振，或是接收不到塔羅牌的建議。為了讓牌也能夠好好休息，請避免在夜深人靜的時候占卜。

Q 可以拿以前用過的舊牌組來用嗎？

A 對它們說聲「好久不見」吧！

可以是可以，但請你做好淨化，對牌打聲招呼。不只塔羅牌，任何東西只要放久了，就會釋放出特殊能量。就好比人被忽略也會難過一樣，塔羅牌也希望你能時常摸摸它。反之，假如之後暫時用不到牌了，我還是建議偶爾洗洗牌或做個淨化。

Q 朋友想跟我借牌，可以借給他嗎？

A 盡量不要比較好。

這就跟塔羅牌不能買二手的一樣，我也不太建議把牌借人。持有者的意念會流進牌裡，所以這是為了避免意念轉移。請將塔羅牌視為持有者專用的私人物品，也不要與他人共用。不過，如果是在幫別人占卜的時候被摸到牌就沒關係。

Q 塔羅牌要從哪裡買？

A 重點是能不能接受再買。

塔羅牌除了專賣店之外，在大型書店、雜貨店或網路商店都買得到。重要的是你能否相信這副牌、想不想把牌帶在身邊。因此，若想先看過實物，覺得可以再把塔羅牌接回家，我建議到實體店面選購。在網路商店購買時，也要注意尺寸和材質喔！

Q 我想占卜同一個問題，中間要間隔多久比較好？

A 原則上要隔一～三個月。

連續占卜同樣的問題好幾次是大忌。因為這是在無視牌的訊息，只相信對自己有利的結果。萬一無論如何都想重新占卜的話，因為塔羅牌反映的未來會發生在一～三個月後，所以請間隔這麼長的時間。若身邊的環境或情況有所改變時就無所謂。

Q 塔羅牌要怎麼收納？

A 只要有仔細收好都可以。

我認為不用特別的方法，直接收在買來附的盒子裡也沒關係；或裝在束口袋之類的袋子裡面，這樣要拿也很方便，也能隨身攜帶。還有人是把牌用絲綢手帕包好再收進另外準備的盒子。不管怎麼收，只要自己用得方便、有好好珍惜就可以了。

Q 我想把用了很久的牌處理掉，可以丟垃圾桶嗎？

A 先表達感謝之後再丟。

一副牌用久了，有時也會出現破損的情況。雖然你可能擔心這樣會遭到天譴，但只要有對牌表達感謝，就可以當成普通的可燃垃圾丟棄。請對塔羅牌說：「感謝你一直以來的指引。」擔心的話，也可以請神社或寺廟舉行焚化儀式。

關鍵字一覽表 大阿爾克那

	相遇	單戀	交往	結婚
0 愚人	新的邂逅、充滿可能性的未來	天真、單純、柏拉圖式戀愛	大膽、做自己、超有默契	拋開成見、自由的婚姻觀
I 魔術師	充滿知性的對象、感覺會談到理想的戀愛	有更多交流的機會	能夠互相理解、變得更有魅力	機會來臨、溝通協商
II 女祭司	隱藏的心意、柏拉圖式	敞開心胸交流、重視內在	值得信賴的對象、性格上的優點	平靜、穩定
III 女皇	轟轟烈烈的愛、收穫良多的戀情	有魅力的女性、溫柔的人	用母愛包容對方、性魅力、安心感	懷孕、生產、即將結婚者
IV 皇帝	談戀愛要重攻大於守、可靠的對象	積極主動、主導戀情發展	責任感、父性、安排約會行程	以積極的行動贏得信賴
V 教皇	穩定的戀情、成熟的戀愛	誠實的人、溫柔體貼、包容力	互相扶持的關係、尊重彼此	放寬心才會讓婚期更靠近
VI 戀人	一見鍾情、兩情相悅	戀愛的小鹿亂撞、有預感會交往	感覺到命運的愛、性魅力	求婚、共赴將來的戀愛
VII 戰車	突如其來的邀請、飛快的進展	戰勝情敵、度過難關	表裡如一、純粹的心意、解決問題	說出真正的想法讓事情照著期望走
VIII 力量	強大的意志、最佳拍檔	花時間慢慢面對彼此	努力會有回報、心心相印	獨一無二的存在、以強大的情感緊密相連
IX 隱士	互相安慰寂寞的心	前世因緣、個性穩重、復合	真實的彼此、深厚的感情	共同學習人生課題的伴侶
X 命運之輪	大大改變人生的邂逅	突然從天而降的戀愛機會	改變的時刻、好轉、進展	如命中注定的發展般抓住幸福

	相遇	單戀	交往	結婚
XI 正義	重視道德倫理的來往	有誠意的人、冷靜、在意社會的眼光	互相溝通、對等的交往	言行一致會連接到未來的可能性
XII 倒吊人	無私奉獻、時間很難配合	犧牲自我、慈愛、全心付出的愛	忍耐會獲得回報	犧牲奉獻的心意會開花結果
XIII 死神	放下執著邁向新的未來	總結過去、迎來結束	轉捩點	徹底重新檢討
XIV 節制	對你有好感、可以做自己	態度友善、友情變成愛情	不勉強的交往方式	在穩定的情況下討論、節儉
XV 惡魔	魅惑人心的印象、刺激欲望	執著、魔性、遵循本能	泥沼、嫉妒、外遇、孽緣	缺乏計畫性
XVI 高塔	充滿革命性、令人震撼的相遇	意外的突發事件、充滿刺激的戀愛	隱瞞、價值觀的改變、一時衝動的爭執	閃婚、檢討並改善現況
XVII 星星	充滿夢想和希望	理想的人、可以有所期待的關係	充實的時光、心動的感覺	迎向光明未來的可能性
XVIII 月亮	神祕的相遇、充滿謎團的人	猜不透對方的心、莫名擔憂	地下戀情、另有隱情	認清本質
XIX 太陽	有發展性、充滿希望的可能性	告白、志趣相投、心意相通	能常保笑容的關係、未來一片光明	求婚、無限的可能性
XX 審判	過去放棄的事物會捲土重來	重修舊好、治好心傷並積極尋找新戀情	破鏡重圓、和好、可以修復	再婚、重新建立關係
XXI 世界	最完美的戀愛對象、理想的人	戀情成真	兩情相悅、充滿歡笑的關係	祝福、快樂結局、理想的婚姻

關鍵字一覽表　小阿爾克那　　權杖 WANDS

	相遇	單戀	交往	結婚
權杖 A	新的邂逅、與理解自己的人的交集	積極接觸、開始交往	熱情如火、魅力、瘋狂迷戀	家庭、出生、懷孕及生產
權杖 2	在情況的幫助下前進	情投意合、意氣相投	頻繁聯繫、約會次數增加	進展、結婚、描繪將來
權杖 3	新的可能性、期待進展	感覺反應不錯、開始交往	積極、把將來納入考量	在腦中幻想過無數次的情況
權杖 4	安心感、懷念	療癒、交流、心靈支柱	心心相印、平靜祥和的心情	以結婚為前提、接受祝福
權杖 5	情敵的存在、強勁的對手	橫刀奪愛、三角戀、驚險刺激的戀愛	愈吵感情愈好	尊重彼此的意見並改善
權杖 6	很有異性緣的人、為之傾倒	從告白開始交往	親密的關係、引以為傲的戀人	把主導權交給對方、祝福
權杖 7	愛得不可自拔、猛烈追求	戰勝情敵、趁勢告白	開始交往、終於修成正果	對方會下定決心
權杖 8	新的快速發展、一見鍾情	收到更多邀約、反應很好、被人告白	志趣相投、興趣合拍、一帆風順	最佳時機
權杖 9	談戀愛重在時機	很有緊張感、持久戰	疑神疑鬼、束縛、慢慢前進	對方比較謹慎、保守為上策
權杖 10	覺得自己配不上對方	重重阻礙、忙碌的人	過度認真、付出太多	支持、無須逞強的自然狀態
權杖 侍從	新鮮的感覺、純真無邪的對象	欲擒故縱、坦率的心情	頻繁聯絡、信賴、愉快交談	下定決心要得到幸福
權杖 騎士	進展飛快的戀情	快速發展、信心十足的人、大膽的追求	熱情、甜甜蜜蜜、由對方主導	很快就走到結婚
權杖 皇后	光彩奪目、大膽、桃花期	舌粲蓮花、溫柔、有好感	性感、魅力、母愛	互相滿足的愛、被祝福的關係
權杖 國王	強大的人、領袖風範	霸氣十足的人、告白的時機	性魅力、可靠的人	強行決定的婚事

聖杯 CUPS

	相遇	單戀	交往	結婚
聖杯A	命運的相逢、新的邂逅	一見鍾情、約會次數增加	靈魂伴侶、對方為你傾注愛情	共度一生、令人措手不及的求婚
聖杯2	進展順利、預感將會用情至深	情投意合、復合、理想的人	深刻的情感連結、無可取代的對象	發誓這份愛至死不渝、懷孕
聖杯3	超越友誼、公司內部、朋友的幫助	志趣相投、親切友善	多對情侶一起約會、敞開心扉	樂觀向前
聖杯4	猶豫、對現狀不滿	看心情做事、沒有那麼喜歡的人	索然無味的感覺、缺乏刺激的交往	提不起勁
聖杯5	悲觀、消極	後悔、不如預期、單相思	壓力、阻撓、遇到障礙	不適合結婚的時間點
聖杯6	莫名懷念、純樸的人	想起初戀、青澀懵懂、破鏡重圓	酸酸甜甜的戀愛、有如家人的情感	愛情順利成長茁壯
聖杯7	愛上戀愛的感覺	愛情遊戲、熟知男女情事、崇高的理想	將理想強加於人、理想與現實的落差	無法實現
聖杯8	下一步	變心、興致缺缺	保持距離、正向看待分手的決定	不太對勁的婚姻
聖杯9	理想的人、將會實現的戀情	魅力、兩情相悅、認真的追求	夙願以償、同居、想讓對方幸福	理想的婚姻
聖杯10	有滿滿幸福感的戀愛	價值觀一致、經濟寬裕	以結婚為前提交往、福星	求婚倒數計時
聖杯侍從	新鮮的戀愛、親切的人	淡淡的好感、容貌姣好	羅曼蒂克、難以預料的戀情	耐心準備
聖杯騎士	戲劇化的發展	告白、白馬王子、宛如電影的戀愛	羨煞眾人的關係、你儂我儂	像做夢一樣的求婚場景
聖杯皇后	信賴、充滿祥和的戀情	女性魅力、滿腦子都是戀愛	深深愛著對方、無條件的愛	符合期待的發展
聖杯國王	心靈支柱、傾聽煩惱	敦厚和善、年長成熟的人	有包容力、同居、以結婚為前提	被愛情包圍的幸福婚姻

關鍵字一覽表　小阿爾克那　　　寶劍 SWORDS

	相遇	單戀	交往	結婚
寶劍 A	優雅從容的戀愛	想要靠近、難以猜透心思	打敗情敵、積極的態度	冷靜判斷、穩重行事
寶劍 2	必須做出抉擇的事	內心糾葛、喪失自信、隱瞞心意	維持現狀、繼續交往	不要勉強推進
寶劍 3	不協調、態度消極	自卑感、失戀、強烈嫉妒	大受打擊的事、激烈爭執、分手	暫不做決定
寶劍 4	暫時喘口氣	停滯、休息	充電期、讓對方靜一靜	難有進展的時候
寶劍 5	有策略的邀請、口角或爭執	神經質、愛上別人的另一半、耍心機	自我中心的人、湧現占有慾	處不來
寶劍 6	轉換期	不再迷惘、更進一步的徵兆	合作關係、兩人一起旅行	在人生的旅途中攜手前進
寶劍 7	異樣的感覺、可疑的人	欲擒故縱、誘惑、三角戀	隱瞞、劈腿、婚內出軌	需要確認這是不是真愛
寶劍 8	心裡的不安或糾葛、動彈不得	逃避、過度配合	束縛、疏於聯絡、被害者意識	膠著狀態
寶劍 9	負面消極、從一開始就放棄	內心受傷、後悔、失敗、絕望	看不到未來、悲觀、不安	不要心急，樂觀以對
寶劍 10	告一段落、危機中的一線希望	悲劇女主角、感到不捨	出現隔閡、接納痛楚	前途多舛
寶劍侍從	有策略的、暫時觀望、相談甚歡	不想受傷、欲擒故縱、戒備	慢慢變得親密、恰到好處的距離	按部就班進行
寶劍騎士	很配合的人、志趣相投	奪得先機、積極示愛	一帆風順、帶領前進	閃婚
寶劍皇后	能夠產生共鳴、充滿知性的對話	獨立的大人、死板的人、緊張感	看不透真心、平順的戀愛	以結婚為前提穩步前進
寶劍國王	成熟大人的戀愛	成熟的男性、尊敬、崇拜	使彼此成長的戀愛、由對方主導	理想的婚姻、同心協力

錢幣 PENTACLES

	相遇	單戀	交往	結婚
錢幣A	愛情萌芽、新的戀情	覺得反應不錯、充滿可能性的戀愛	信賴關係、以結婚為前提	經濟上的安定、幸福的婚姻
錢幣2	配合度高、態度友善	服務精神、經常見面	相當平衡、有趣的約會	與其思考未來，不如享受當下
錢幣3	工作是契機、團隊合作	穩健發展的戀愛、辦公室戀情	以結婚為前提、真摯誠實	在金錢上互相接應
錢幣4	謹慎派、追求穩定的對象	戒心、嫉妒、緊閉心扉	束縛、同居、個人條件	勤儉的人、生活水準很高
錢幣5	困難	在經濟上沒有餘力談戀愛	相互依存的關係、好感逐漸變淡	在金錢上沒有餘裕
錢幣6	容易親近、有共同的興趣	值得尊敬的人、公平交換	禮物、被人用心呵護的滿足感	金龜婿、適婚期
錢幣7	關係停在朋友階段	曖昧的關係、對方反應冷淡	理想與現實的落差	更進一步、多一點對話
錢幣8	緩慢進展、淡淡的情愫	誠實、硬派、默默表現自己	可靠、一往情深	奠定基礎、有建設性的溝通
錢幣9	有人對你一見鍾情	既耀眼又有魅力、異性緣很好的人、告白	備受寵溺、禮物攻勢	富裕、女性主導、令人高興的求婚
錢幣10	產生親近感	像朋友般的戀愛、超越性別的友情	以結婚為前提、同居、家人彼此熟識	幸福的婚姻、家庭成員增加
錢幣侍從	緩慢前進、令人心急的戀愛	有人對你有好感、感覺年輕的男性	認真交往、前途無量	踏實前進
錢幣騎士	認真一點一滴地耕耘	個性害羞的人	放眼將來、責任感	以符合現實的方式進行
錢幣皇后	平穩的愛情	治癒系、母性、很會照顧人	安心感、同居、想對你撒嬌	把結婚納入考量
錢幣國王	遊刃有餘、有建設性	不拐彎抹角的追求、富裕、尊敬	由對方主導、包容力、誠實	步入婚姻、祝福、相伴多年

❖ 結語 ❖

　《戀愛塔羅牌：參透對方真心，用占卜擺脫單身、爛桃花》，大家讀完有什麼感想呢？倘若這本書可以撫慰大家為愛煩惱的心靈，成為你們體會塔羅美好的契機，我會非常開心。

　我認為，占卜最重要的，是利用占卜「**相信會有光明的未來**」。與其為了還看不見的未來擔驚受怕，倒不如帶著滿滿的期待相信「一定會更好」，這樣肯定會更加有趣。你可以自行決定**要將什麼樣的未來放進人生**。只要深信不疑，一切都將如你所願。請大家也要試著用塔羅牌，實際體驗什麼是**相信的力量會開拓人生**喔！

　「愛人」是非常崇高的行為。有些事一個人難如登天，兩個人一起就能排除萬難，理解彼此脆弱的部分並互相扶持。我們每個人與生俱來的形狀千奇百怪。聽聞現代很多人因為害怕戀愛而縮在自己的保護殼裡，或者只敢在虛擬世界與他人建立聯繫。縱然如此，**我們出生的這個地球是顆愛的行星**。是為了讓同樣歪斜扭曲、凹凸不平的人們完美拼湊在一起的神奇星球。

　因為我們生在這樣的星球，要是不多累積一點愛人的經驗，那可就虧大了呢！拿不出勇氣時，請抽出一張塔羅牌試試看。**愛情近在咫尺**。

　衷心希望你能夠跟自己最愛的人共結連理。

mimineko

········· **mimineko 個人檔案** ·········

能量石專賣店「ANGELICA」負責人，占卜YouTuber。生長於巫覡世家，在罹患成人疾病後，開始能捕捉到精靈與神祇的意念。深信當一個人的靈魂、精神及肉體回歸到應有的狀態，才能展現與生俱來的美並抓住好運，向世人傳授「變回天生完美傑作」的方法。百發百中的第六感獲得青睞，以迅雷不及掩耳的速度成為人氣YouTuber。介紹靈性世界的YouTube頻道「mimineko暢談不思議」（miminekoふしぎお喋り）同樣也廣受好評。

⚜ YouTube 頻道

塔羅解牌頻道
「mimineko」

以「變回天生完美傑作、愛自己」為主題進行解牌的YouTube頻道！頻道訂閱人數超過10萬（截至2024年9月）。

閒聊頻道
「mimineko 暢談不思議」

天南地北東聊西聊的YouTube頻道。這裡聊的話題有點不可思議，像是靈性世界、能量石或實現願望的方法等等。請放鬆心情愜意地聽吧♪

⚜ 能量石專賣店 ANGELICA

https://angelica.nekonekoland.com/

販售天然石或能量石飾品的網路商店。由店長mimineko發掘、各個能量飽滿的礦石正在等你迎接它們回家喔！

⚜ Twitter

https://twitter.com/mimineko_0406

⚜ Instagram

https://www.instagram.com/mimineko_neko/

※後摺口有各網址的QR Code。

STAFF

Publisher／松下大介
Editer in chief／笹岡政宏
Editer／コジマアイ
Editorial cooperation／仲川祐香（説話社）
Design／封面：菅野涼子（説話社）
　　　　內文：遠藤亜矢子
　　　　DTP：ラッシュ
Illustrator／やよい
Photo／Adobe Stock、shutterstock

© mimineko 2023
Chinese (in traditional character only) translation rights arranged with HOBBY JAPAN CO., Ltd through CREEK & RIVER Co., Ltd.

戀愛塔羅牌
參透對方真心，用占卜擺脫單身、爛桃花

出　　　版／楓樹林出版事業有限公司
地　　　址／新北市板橋區信義路163巷3號10樓
郵 政 劃 撥／19907596　楓書坊文化出版社
網　　　址／www.maplebook.com.tw
電　　　話／02-2957-6096
傳　　　真／02-2957-6435
作　　　者／mimineko
翻　　　譯／歐兆苓
責 任 編 輯／周季瑩
校　　　對／邱凱蓉
內 文 排 版／謝政龍
港 澳 經 銷／泛華發行代理有限公司
定　　　價／360元
初 版 日 期／2024年12月

國家圖書館出版品預行編目資料

戀愛塔羅牌：參透對方真心，用占卜擺脫單身、爛桃花 / mimineko作；歐兆苓譯. -- 初版. -- 新北市：楓樹林出版事業有限公司, 2024.12　面；公分

ISBN 978-626-7499-40-5（平裝）

1. 占卜

292.96　　　　　　　　　113014788